Prevención blanqueo de capitales

avanza editorial

Editado por:
EDITORIAL FAE, S.L.U.
Correo electrónico: editorial@editorialfae.com

Prevención blanqueo de capitales
Elsa Rubio Dulce

1ª Edición

ISBN: 978-84-1135-390-8

Impreso en España

Índice

Módulo 1. Prevención blanqueo de capitales

Aplicaciones prácticas

Ejercicio de evaluación final

Solucionario

Bibliografía

Índice

Módulo 1. Prevención blanqueo de capitales

Introducción

El blanqueo de capitales se refiere al proceso mediante el cual se intenta dar una apariencia legítima a bienes o fondos generados a través de actividades ilícitas, con la finalidad de integrarlos en el sistema económico legal. Este fenómeno tiene efectos perjudiciales para la estabilidad económica, la integridad financiera y la seguridad pública, además de estar estrechamente vinculado a actividades delictivas como la corrupción, el tráfico de drogas y armas, y el terrorismo.

En respuesta a esta problemática, se han desarrollado marcos normativos nacionales e internacionales, así como organismos especializados que buscan prevenir, detectar y sancionar dichas actividades. La eficacia de estos esfuerzos depende en gran medida del adecuado conocimiento de la legislación vigente, la colaboración entre entidades financieras y organismos públicos, y la implementación efectiva de controles internos por parte de las entidades obligadas.

Este módulo formativo proporciona un acercamiento integral al fenómeno del blanqueo de capitales, las normativas aplicables, las obligaciones específicas del sector asegurador y las prácticas para prevenir y combatir la financiación del terrorismo.

Objetivos

- Analizar el concepto y las fases del blanqueo de capitales.
- Reconocer los sujetos obligados y colaboradores dentro del marco normativo vigente.
- Aplicar los procedimientos y obligaciones específicas establecidos para el sector asegurador.
- Identificar las medidas de control interno requeridas para prevenir actividades relacionadas con el blanqueo.
- Comprender los mecanismos para comunicar operaciones sospechosas al Servicio Ejecutivo correspondiente.
- Distinguir entre las distintas infracciones y sanciones relacionadas con el blanqueo de capitales.
- Profundizar en los mecanismos específicos orientados a prevenir y bloquear la financiación del terrorismo.

1. Introducción a la prevención del blanqueo de capitales: conceptos básicos

El blanqueo de capitales constituye un proceso mediante el cual fondos provenientes de actividades ilícitas se integran en el sistema financiero legal con apariencia de legitimidad. La comprensión de sus conceptos básicos implica conocer cómo se estructura este fenómeno económico delictivo, identificando los fundamentos y los métodos empleados para ocultar la procedencia ilícita del dinero o bienes adquiridos ilegalmente.

1.1. Primeros pasos para entender el blanqueo de capitales

El blanqueo de capitales, también conocido como lavado de dinero, es el conjunto de mecanismos utilizados para disfrazar o encubrir la naturaleza ilegal de los activos obtenidos mediante actividades delictivas, con el fin de integrarlos en la economía formal como bienes o fondos legítimos.

Comprender este fenómeno implica identificar claramente ciertos conceptos esenciales y características básicas:

- **Origen ilícito**: Siempre implica fondos o bienes procedentes de actividades criminales, como narcotráfico, corrupción, fraude fiscal o tráfico ilegal de armas.
- **Propósito**: El objetivo fundamental es ocultar o disimular el verdadero origen del dinero para evitar su rastreo por parte de las autoridades.
- **Integración en la economía legal**: Una vez los activos ilícitos han sido "limpiados", estos ingresan al sistema financiero y económico de forma aparentemente legítima, dificultando su detección y control.

Una organización dedicada al tráfico de drogas utiliza una pequeña empresa de restauración para ingresar los fondos ilícitos obtenidos. Diariamente se registran ventas ficticias exageradas, haciendo que el dinero ilegal se mezcle con ingresos legítimos. Esto representa un claro ejemplo de cómo funciona en la práctica el blanqueo de capitales.

1.2. Fases del proceso de blanqueo de capitales

El blanqueo de capitales es un proceso complejo que generalmente se desarrolla en tres fases sucesivas claramente definidas, cada una con características particulares y acciones concretas que permiten ocultar el origen ilícito del dinero:

1. **Colocación**: Es la etapa inicial en la que se introducen los fondos ilícitos en el sistema financiero formal. En esta fase, los criminales suelen utilizar depósitos en efectivo, pequeñas transacciones sucesivas o la compra de bienes de valor significativo, intentando no levantar sospechas por parte de las autoridades.

Fig. 1. Los vehículos y las joyas son bienes de valor que usualmente compran los criminales en la etapa de colocación

Anotación

¿Por qué se utilizan tan frecuentemente joyas, inmuebles y décimos de lotería en el blanqueo de capitales?

Estos elementos tienen características que los hacen especialmente atractivos para los delincuentes que buscan ocultar el origen ilícito del dinero:

- **Joyas y metales preciosos:** Son fácilmente transportables, difíciles de rastrear, y tienen un valor elevado en poco volumen. Además, pueden ser fundidos o revendidos sin dejar demasiadas huellas.
- **Inmuebles:** La compraventa de bienes raíces permite movilizar grandes sumas de dinero, e incluso justificar ingresos posteriores a través de alquileres o plusvalías aparentes. Las operaciones inmobiliarias son un canal tradicional de blanqueo en la fase de integración.
- **Loterías premiadas:** Comprar un décimo ya premiado permite justificar de forma aparentemente legal una suma elevada. Aunque es ilegal, sigue siendo una práctica habitual en la economía sumergida y un método de "blanqueo exprés".

Estas prácticas están en el punto de mira de las autoridades financieras y requieren de especial vigilancia por parte de los sujetos obligados en estos sectores.

2. **Estratificación**: Esta segunda fase busca dispersar los fondos ya introducidos en el sistema financiero para dificultar aún más la detección y el seguimiento del dinero. Para ello, se recurre habitualmente a múltiples transferencias electrónicas, utilización de empresas fachada, operaciones internacionales, inversiones en distintos instrumentos financieros o compraventa frecuente de bienes inmuebles.

3. **Integración**: En esta última etapa, los fondos blanqueados regresan al sistema económico de manera definitiva con una apariencia de total legitimidad, permitiendo al delincuente disponer libremente del dinero. Habitualmente, estos fondos son invertidos en negocios lícitos, inmuebles, activos financieros o utilizados para mantener un elevado nivel de vida, sin generar sospecha aparente sobre el origen ilegal inicial.

Fase	Objetivo principal	Métodos frecuentes
Colocación	Introducir fondos ilícitos en el sistema formal.	Depósitos en efectivo, compras iniciales de bienes de valor.
Estratificación	Dificultar el seguimiento del dinero.	Transferencias múltiples, empresas fachada, movimientos internacionales.
Integración	Devolver los fondos al sistema económico con apariencia legítima.	Inversiones legales, compra de activos, negocios legítimos.

Una red dedicada al fraude fiscal inicialmente realiza pequeños depósitos en efectivo en diferentes cuentas bancarias (colocación). Luego, transfiere estos fondos entre cuentas situadas en distintos países y bancos extranjeros, a través de empresas ficticias (estratificación). Finalmente, invierte este dinero en el mercado inmobiliario mediante la compra de propiedades legítimas que luego alquilan o venden legalmente (integración).

1.3. Evolución legislativa

La evolución legislativa en materia de prevención del blanqueo de capitales ha sido constante y progresiva, impulsada por el creciente reconocimiento internacional del riesgo que esta actividad supone para la estabilidad económica, la transparencia financiera y la seguridad global. Los marcos normativos han avanzado desde medidas mínimas de control hacia sistemas complejos e integrales que abarcan a un amplio conjunto de actores económicos.

En el contexto internacional, destacan iniciativas como las Recomendaciones del Grupo de Acción Financiera Internacional (GAFI), organismo intergubernamental creado en 1989, cuyas directrices han servido de referencia para la creación de legislaciones nacionales. En el ámbito europeo, las Directivas de la Unión Europea sobre prevención del blanqueo de capitales han ido ampliando progresivamente sus exigencias en cada actualización, abarcando nuevos sectores y reforzando los mecanismos de vigilancia.

 **Saber más**

El GAFI (Grupo de Acción Financiera Internacional, o FATF por sus siglas en inglés) es un organismo intergubernamental creado en 1989 por el G7. Su principal función es desarrollar y promover políticas internacionales para combatir el blanqueo de capitales, la financiación del terrorismo y la proliferación de armas de destrucción masiva.

El GAFI ha elaborado un conjunto de 40 Recomendaciones, consideradas el estándar internacional en esta materia, que los países deben adaptar a sus marcos legales nacionales.

Entre sus herramientas más influyentes están las llamadas listas del GAFI:

- **Lista gris:** incluye países que presentan deficiencias estratégicas, pero que se han comprometido a resolverlas en un plazo acordado.
- **Lista negra:** identifica jurisdicciones con deficiencias graves que no cooperan adecuadamente con los estándares internacionales. Estar en esta lista implica restricciones financieras, mayor escrutinio internacional y pérdida de reputación.

España, como miembro del GAFI desde 1990, adapta su normativa a estas recomendaciones, y el SEPBLAC tiene un gran papel en su cumplimiento.

En España, la legislación ha ido adaptándose a estas exigencias internacionales mediante diversas normas, entre ellas:

- La Ley 19/1993, de medidas para la prevención del blanqueo de capitales, que estableció las primeras obligaciones específicas.
- La Ley 10/2010, de prevención del blanqueo de capitales y de la financiación del terrorismo, que supuso un importante salto cualitativo al recoger las directrices europeas e incluir aspectos como la identificación formal del cliente o la comunicación de operaciones sospechosas.
- El Real Decreto 304/2014, que desarrolla reglamentariamente la Ley 10/2010, definiendo procedimientos, medidas de control interno y sujetos obligados.

Esta evolución refleja una creciente sofisticación de los mecanismos legales, impulsada por la necesidad de adaptarse a nuevas formas delictivas y al uso de tecnologías en la ocultación del origen de los fondos.

1.4. Ámbito de aplicación

El ámbito de aplicación de la normativa de prevención del blanqueo de capitales se define a partir de dos grandes ejes: los sujetos obligados a cumplir la legislación y el tipo de actividades o situaciones económicas que pueden estar vinculadas a operaciones de blanqueo.

En primer lugar, la ley afecta tanto a entidades financieras como a una amplia gama de profesionales y empresas, denominados sujetos obligados.

Fig. 2. Los sujetos obligados incluyen bancos, aseguradoras, promotores inmobiliarios, notarios, abogados que intervengan en transacciones financieras, casas de cambio, casinos, empresas de servicios fiduciarios, auditores y asesores fiscales, entre otros

En segundo lugar, el marco legal se activa frente a cualquier actividad económica susceptible de ser utilizada para ocultar o canalizar fondos ilícitos, sin importar el sector. Esto incluye operaciones con grandes sumas de dinero en efectivo, transferencias internacionales, compraventa de activos de alto valor, y cualquier operación financiera irregular, compleja o injustificada que pudiera tener como fin el encubrimiento del origen del capital.

Cabe destacar que el ámbito de aplicación también se extiende más allá del territorio nacional, incluyendo las actuaciones de sucursales, filiales o intermediarios en el extranjero de las entidades españolas. La ley impone la obligación de implementar políticas de prevención igualmente estrictas, incluso cuando operen en países con legislación más laxa.

 **Ejemplo**

Una empresa de joyería, al recibir múltiples pagos en efectivo por importes cercanos al límite legal, entra dentro del ámbito de aplicación de la normativa y debe activar medidas de control como la identificación del cliente y el análisis de la operación. Si esta empresa no aplicase tales controles, podría estar facilitando indirectamente el blanqueo de capitales.

2. Conceptualización de sujetos obligados y colaboradores

El marco normativo sobre prevención de blanqueo de capitales identifica claramente a los sujetos obligados y colaboradores como actores esenciales en la detección y reporte de actividades sospechosas. Estos sujetos incluyen entidades financieras, aseguradoras y profesionales independientes, entre otros, quienes deben cumplir con una serie de obligaciones legales para prevenir eficazmente el blanqueo.

 **Saber más**

Aunque en el lenguaje coloquial a menudo se emplean como sinónimos, dinero negro y dinero ilícito no son lo mismo desde el punto de vista jurídico y financiero.

El dinero negro es aquel que no ha sido declarado a Hacienda, pero que proviene de actividades lícitas. Por ejemplo, ingresos de un profesional autónomo que no emite factura o pagos en efectivo no registrados. El delito que puede derivarse es principalmente fraude fiscal.

El dinero ilícito, en cambio, es el que tiene su origen en actividades delictivas, como el narcotráfico, el contrabando, la corrupción o la trata de personas. Este dinero, además de no estar declarado, proviene de un delito penal. Es el que está directamente relacionado con el blanqueo de capitales.

En resumen, todo dinero ilícito es también negro, pero no todo dinero negro es ilícito.

2.1. Sujetos obligados

El concepto de sujetos obligados hace referencia a aquellas personas físicas o jurídicas que, por el tipo de actividad que desarrollan, están legalmente obligadas a aplicar medidas de prevención, detección y comunicación en materia de blanqueo de capitales y financiación del terrorismo. La Ley 10/2010, de 28 de abril, recoge una **lista cerrada** de sujetos obligados, que ha sido ampliada y matizada por normativas posteriores y por el Real Decreto 304/2014.

Los sujetos obligados se clasifican en dos grandes grupos:

- **Entidades financieras y aseguradoras**, entre las que se incluyen:
  - Bancos, cooperativas de crédito, cajas de ahorro.
  - Entidades de pago y entidades de dinero electrónico.
  - Entidades aseguradoras autorizadas para operar en el ramo de vida y corredores de seguros que intermedien en dicho ramo.
  - Gestores de fondos de inversión, sociedades de valores y sociedades gestoras.

- **Otros sectores y profesionales no financieros**, como:
  - Promotores e intermediarios inmobiliarios.
  - Notarios, registradores, abogados y procuradores cuando participen en transacciones financieras o inmobiliarias por cuenta de clientes.
  - Auditores, contables externos y asesores fiscales.
  - Casinos de juego, loterías, joyerías, anticuarios, galerías de arte, concesionarios de vehículos, entre otros.
  - Fundaciones y asociaciones en determinadas condiciones.

La inclusión en esta categoría implica una serie de obligaciones específicas, como:

- Identificar y verificar la identidad del cliente.
- Analizar y documentar operaciones sospechosas.
- Conservar la documentación durante un período mínimo de 10 años.

- Establecer procedimientos de control interno y designar un representante ante el SEPBLAC (Servicio Ejecutivo de la Comisión de Prevención del Blanqueo de Capitales e Infracciones Monetarias).
- Comunicar operaciones sospechosas.

Un asesor fiscal que detecta que uno de sus clientes desea canalizar una gran cantidad de efectivo a través de una operación inmobiliaria sin justificación clara de su origen, está obligado no solo a aplicar medidas de diligencia, sino también a informar al SEPBLAC si considera que se trata de una operación sospechosa. El incumplimiento de este deber le convierte en responsable de una infracción grave o muy grave.

2.2. Sucursales y filiales en el extranjero

La aplicación de las obligaciones legales no se limita al territorio nacional. La normativa de prevención del blanqueo de capitales establece que las sucursales y filiales situadas en el extranjero de los sujetos obligados deben aplicar las mismas medidas de control y prevención que se exigen en España, siempre que la legislación del país receptor lo permita.

Esto significa que, aunque una entidad financiera española opere a través de una sucursal o filial en otro país, debe:

- Aplicar procedimientos de identificación del cliente equivalentes.
- Evaluar el riesgo de operaciones.
- Mantener los canales de comunicación y reporte hacia la matriz.
- Implementar sistemas de control interno eficaces.

Anotación

Cuando una filial o sucursal en el extranjero opera en un país con una legislación menos estricta o no equivalente a la española o europea, pueden surgir conflictos de jurisdicción que dificulten la aplicación de las medidas de prevención del blanqueo.

En estos casos, la Ley 10/2010 obliga a que se apliquen las normas más estrictas, si la legislación local lo permite.

Si la legislación del país impide aplicar esas medidas (por ejemplo, por normas de confidencialidad bancaria), la entidad debe:

- Comunicar formalmente esta situación al SEPBLAC.
- Documentar el conflicto.
- Evaluar si corresponde mantener la relación comercial o cesar la actividad en ese país.

Esta gestión proactiva permite a la autoridad española mantener el control sobre las operaciones internacionales y evitar que las estructuras empresariales sean utilizadas para eludir la normativa.

Cuando la legislación del país extranjero sea menos estricta o no contemple requisitos equivalentes, el sujeto obligado debe garantizar que se aplican las medidas más estrictas posibles. En caso de que las leyes locales impidan su aplicación, se debe comunicar esta circunstancia al SEPBLAC.

Este enfoque tiene como finalidad evitar que los delincuentes utilicen jurisdicciones con normativas más laxas o paraísos fiscales para llevar a cabo operaciones de blanqueo, aprovechando las estructuras internacionales de grupos empresariales.

Ejemplo

Una entidad aseguradora española con una filial en un país donde no existe normativa de prevención del blanqueo comparable, debe adaptar su política interna para aplicar los estándares españoles, y si no puede hacerlo por limitaciones legales locales, tendrá que informar al SEPBLAC, documentar el conflicto y analizar si procede mantener la relación comercial o retirarse del país.

2.3. Colaboradores

Los colaboradores en materia de prevención del blanqueo de capitales son aquellas personas físicas o jurídicas que, sin estar directamente incluidas en la lista de sujetos obligados, participan en operaciones económicas o profesionales por cuenta de éstos, y por tanto están implicadas en los procesos de control y vigilancia. Su papel resulta esencial para reforzar el cumplimiento normativo y ampliar el alcance de las medidas preventivas.

La figura del colaborador está especialmente regulada en relación con aquellas actividades que los sujetos obligados externalizan o delegan, como por ejemplo la identificación del cliente, la formalización de contratos o la ejecución material de operaciones financieras.

Para que un colaborador pueda actuar válidamente en nombre del sujeto obligado, deben cumplirse varias condiciones:

- Existencia de un acuerdo contractual o encargo específico con el sujeto obligado.
- Aplicación por parte del colaborador de procedimientos de diligencia debida equivalentes a los establecidos por la normativa.
- Supervisión y control efectivo del sujeto obligado sobre la actividad del colaborador.
- Conservación y disponibilidad de la documentación generada por el colaborador, a efectos de inspección o auditoría.

Esta figura no exime al sujeto obligado de sus responsabilidades legales. La delegación de funciones a colaboradores es una práctica permitida, pero debe realizarse con garantías, ya que la responsabilidad última siempre recae sobre el sujeto obligado.

Una entidad aseguradora externaliza la captación de clientes a una red de agentes comerciales. Estos agentes actúan como colaboradores en tareas de identificación y recogida de documentación. La aseguradora debe asegurarse de que los agentes cumplen con los procedimientos de identificación, conservan correctamente los registros y son formados adecuadamente, ya que cualquier deficiencia en su actuación puede comprometer la responsabilidad de la entidad principal.

2.4. Colaboración nacional

La colaboración nacional constituye uno de los pilares del sistema de prevención del blanqueo de capitales. Implica la cooperación entre los distintos actores del sistema económico y las autoridades competentes del Estado español, como mecanismo para detectar y frenar operaciones sospechosas de blanqueo o financiación del terrorismo.

Esta colaboración se manifiesta a través de:

- La obligación de los sujetos obligados de informar al **SEPBLAC** (Servicio Ejecutivo de la Comisión de Prevención del Blanqueo de Capitales e Infracciones Monetarias) sobre operaciones sospechosas o inusuales.
- La existencia de canales seguros de comunicación, como el sistema de comunicación telemática del **SEPBLAC**, que permite enviar reportes con confidencialidad y trazabilidad.
- El intercambio de información entre organismos públicos, como la Agencia Tributaria, la Policía, la Guardia Civil o los órganos judiciales.
- La posibilidad de que las autoridades soliciten información concreta a sujetos obligados, en el marco de investigaciones o auditorías.

Fig. 3. Las autoridades reguladoras (Banco de España, Dirección General de Seguros, CNMV) son fundamentales al supervisar el cumplimiento de las obligaciones por parte de los sujetos bajo su ámbito

Una entidad financiera detecta movimientos repetitivos entre varias cuentas que carecen de justificación económica y que podrían encubrir una red de transferencias simuladas. Inmediatamente, remite un informe al SEPBLAC, que a su vez puede coordinarse con la Policía Nacional y la Agencia Tributaria para iniciar una investigación conjunta.

2.5. Colaboración internacional

Dado que el blanqueo de capitales y la financiación del terrorismo son fenómenos transnacionales, la colaboración internacional es esencial para la eficacia de los sistemas de prevención. Esta colaboración permite intercambiar información, coordinar investigaciones y armonizar normativas entre distintos países y organismos internacionales.

Las formas más relevantes de cooperación internacional incluyen:

- La participación de España en organismos internacionales como el GAFI (Grupo de Acción Financiera Internacional), el Comité MONEYVAL del Consejo de Europa o EUROPOL, en los que se comparten buenas prácticas, se evalúan sistemas nacionales y se emiten recomendaciones.

- La cooperación bilateral o multilateral entre unidades de inteligencia financiera (UIF), como el propio SEPBLAC en España, que puede intercambiar información con sus homólogos de otros países.
- La aplicación de sanciones internacionales y congelación de activos, a través de listas internacionales (como las de la ONU o la UE) de personas o entidades relacionadas con el terrorismo o el crimen organizado.
- Los acuerdos de asistencia jurídica internacional, que permiten que las autoridades judiciales y policiales colaboren para la investigación, intervención o repatriación de fondos ilícitos.

Esta cooperación no está exenta de retos, como las diferencias legislativas entre países, la confidencialidad bancaria en algunas jurisdicciones o la falta de voluntad política. Por ello, se exige cada vez más un enfoque coordinado y armonizado, especialmente en el seno de la Unión Europea.

Ejemplo

El SEPBLAC recibe una notificación de su homólogo francés alertando de que una empresa domiciliada en España ha recibido fondos desde varias cuentas europeas vinculadas a una organización sospechosa de fraude fiscal. Gracias al intercambio de información, se inicia una investigación coordinada con autoridades judiciales y fiscales en ambos países, lo que permite intervenir los fondos antes de que desaparezcan.

3. Conceptualización del régimen general de obligaciones

Para garantizar la prevención efectiva del blanqueo de capitales, la legislación establece un régimen general de obligaciones dirigido a las entidades y profesionales obligados. Estas obligaciones comprenden diversas medidas específicas que buscan identificar, controlar y comunicar actividades sospechosas, asegurando así que los mecanismos de prevención sean sistemáticos y eficaces.

3.1. Identificación de los clientes

La identificación del cliente es una de las medidas en el régimen de obligaciones de prevención del blanqueo de capitales. Esta obligación tiene como finalidad conocer con precisión quién realiza las operaciones, su perfil económico, la legitimidad de los fondos y si actúa en nombre propio o de terceros, previniendo así el uso del sistema financiero y económico para fines ilícitos.

La identificación debe realizarse en dos niveles:

- **Identificación formal**: Consiste en obtener y verificar los datos personales o corporativos del cliente mediante documentos oficiales válidos y vigentes, como el DNI, pasaporte, NIE o escrituras en el caso de personas jurídicas.
- **Identificación del titular real**: Es decir, la persona física que en última instancia posee o controla directa o indirectamente más del 25% del capital o de los derechos de voto de una entidad jurídica, o quien ejerce el control por otros medios.

Fig. 4. La identificación del titular real se exige también cuando el cliente actúa por cuenta de un tercero o a través de estructuras interpuestas

Además, debe aplicarse el principio de "conocer al cliente" (KYC – *Know Your Customer*), que implica identificarlo, y también conocer la naturaleza de su actividad, origen de los fondos, relaciones comerciales, y evaluar si su comportamiento se ajusta a lo esperado.

 **Obligatorio**

La identificación del cliente es una de las obligaciones centrales en la prevención del blanqueo de capitales. Según la Ley 10/2010, debe realizarse antes de establecer una relación de negocios o ejecutar determinadas operaciones ocasionales.

La identificación formal es obligatoria en los siguientes casos.

Antes de establecer una relación de negocios continua (por ejemplo, la contratación de una póliza de vida).

Antes de realizar una operación ocasional igual o superior a:

- 1.000 euros, si se efectúa mediante medios electrónicos.
- 10.000 euros, si se efectúa en efectivo.
- Siempre que exista sospecha de blanqueo o financiación del terrorismo, con independencia del importe.
- Si existen dudas sobre la veracidad o suficiencia de los datos previamente obtenidos.
- En operaciones que impliquen personas con responsabilidad pública (PEP).
- Además, debe identificarse no solo al cliente directo, sino también al titular real, es decir, la persona física que ejerce el control final sobre una sociedad o cuenta.

El incumplimiento de esta obligación puede dar lugar a infracciones graves o muy graves.

Los casos en los que se requiere una diligencia reforzada son:

- Clientes no presentes físicamente.
- Operaciones complejas o inusuales.
- Relación con personas de alto riesgo (por ejemplo, Personas con Responsabilidad Pública o PEPs).

 Ejemplo

Un cliente acude a una correduría de seguros para contratar una póliza de vida con una prima anual elevada. La entidad solicita su DNI y verifica su autenticidad, pero además exige una declaración sobre si actúa en nombre propio o de un tercero, y recaba información sobre su actividad económica, dado el importe de la operación. Al detectar que la persona es un político extranjero (PEP), aplica medidas reforzadas, como verificación adicional de documentos y autorización expresa de un directivo.

3.2. Examen especial a ciertas operaciones

El examen especial es una medida adicional que obliga al sujeto obligado a analizar en profundidad aquellas operaciones que, por su naturaleza, volumen o complejidad, no guarden coherencia con la actividad declarada del cliente o resulten inusuales o injustificadas.

Este examen no se basa exclusivamente en el importe económico, sino en una valoración cualitativa y contextual del riesgo. Algunas señales que pueden motivar un examen especial son:

- Operaciones sin una justificación económica o legal clara.
- Estructuras financieras innecesariamente complejas.
- Movimientos de fondos entre países considerados de alto riesgo o paraísos fiscales.
- Uso recurrente de efectivo en grandes cantidades.
- Discrepancia entre el perfil económico del cliente y las operaciones realizadas.

Durante el examen especial, el sujeto obligado debe:

1. Recopilar documentación adicional sobre la operación y el cliente.
2. Evaluar el propósito económico o legal de la transacción.
3. Emitir un informe interno razonado, en el que conste si se considera sospechosa o no.
4. Conservar toda la documentación y dejar constancia del análisis efectuado.

Si, tras el examen, se determina que la operación puede estar relacionada con el blanqueo de capitales, se deberá comunicar de forma inmediata al SEPBLAC mediante un informe de operación sospechosa.

Se describen los factores de riesgo que pueden activar un examen especial:

Tipo de riesgo	Ejemplo de indicador
Riesgo geográfico	Fondos procedentes de países con baja transparencia financiera.
Riesgo de cliente	Cliente con antecedentes penales o sin actividad económica clara.
Riesgo de producto	Uso de seguros o instrumentos financieros complejos.
Riesgo de canal	Transacciones a través de medios no presenciales.

 Ejemplo

Un cliente habitual realiza una transferencia internacional de 150.000 euros a una cuenta en un país sin vínculos previos conocidos y sin justificación clara. La entidad analiza la operación, solicita documentación sobre el motivo de la transferencia, y al no recibir una respuesta satisfactoria ni razonable, eleva el caso como operación sospechosa al SEPBLAC, cumpliendo así con su deber de colaboración.

3.3. Conservación de documentos

La **conservación de documentos** es una obligación esencial en el régimen de prevención del blanqueo de capitales, ya que garantiza que las autoridades puedan acceder a información completa y verificable durante investigaciones o inspecciones.

Fig. 5. La medida de conservar documentos permite reconstruir operaciones sospechosas, identificar a los intervinientes y verificar que se hayan cumplido adecuadamente las obligaciones legales por parte del sujeto obligado

La Ley 10/2010, en su artículo 25, establece que los sujetos obligados deben conservar durante un período mínimo de 10 años la siguiente documentación:

- **Documentos de identificación del cliente**: copias de los documentos oficiales utilizados para verificar la identidad de las personas físicas o jurídicas.
- **Registros de operaciones realizadas**: incluyendo contratos, justificantes, comunicaciones, extractos bancarios o cualquier otro soporte documental que permita reconstruir la operación.
- **Informes de análisis e informes internos** relacionados con operaciones sospechosas, incluso cuando no se haya llegado a remitir comunicación al SEPBLAC.
- **Correspondencia y comunicaciones comerciales** relacionadas con la relación de negocio.

Esta obligación debe cumplirse en papel, soporte informático o digital, siempre que los datos almacenados estén debidamente protegidos, sean accesibles y garanticen su autenticidad, integridad y legibilidad. Además, la información debe estar a disposición inmediata de las autoridades competentes en caso de requerimiento.

La obligación de conservación no finaliza con la relación comercial, sino que el cómputo de los diez años empieza a contar desde la finalización de la relación con el cliente o la ejecución de la operación ocasional.

Una correduría de seguros da por finalizada una póliza de vida en 2023. Aunque el cliente ya no tenga relación con la entidad, la empresa debe conservar los documentos de identificación y los registros asociados hasta, al menos, 2033. En 2027, una inspección del SEPBLAC solicita revisar dicha información, y la entidad está obligada a facilitarla de inmediato.

3.4. Colaboración con el Servicio Ejecutivo

El Servicio Ejecutivo de la Comisión de Prevención del Blanqueo de Capitales e Infracciones Monetarias (SEPBLAC) es el organismo central encargado de recibir, analizar y, en su caso, canalizar las informaciones relacionadas con posibles casos de blanqueo de capitales y financiación del terrorismo. La colaboración con este organismo es una obligación legal directa para todos los sujetos obligados.

Esta colaboración se manifiesta principalmente en dos formas:

- **Comunicación de operaciones sospechosas (ROS – *Reportes de Operación Sospechosa*)**: Cuando un sujeto obligado detecta una operación que pueda estar relacionada con el blanqueo de capitales, debe remitir un informe razonado al SEPBLAC, incluyendo toda la documentación y justificación obtenida en el análisis previo.
- **Atención a requerimientos del SEPBLAC**: El organismo puede solicitar información adicional, registros de operaciones, documentación de identificación del cliente o cualquier otro dato relevante en el marco de una investigación. El sujeto obligado debe responder de forma **completa, veraz y en plazo**, sin notificar al cliente sobre dicha solicitud (principio de **confidencialidad**).

Además, el SEPBLAC puede emitir instrucciones o recomendaciones de cumplimiento que deben ser observadas por las entidades. La colaboración implica también permitir inspecciones, auditorías o visitas de supervisión.

Los principios de la colaboración son:

- **Confidencialidad**: No puede revelarse al cliente que se ha comunicado información al SEPBLAC.
- **Diligencia**: La comunicación debe ser ágil y fundamentada, evitando demoras injustificadas.
- **No responsabilidad penal**: La normativa garantiza la exención de responsabilidad para los sujetos que colaboren de buena fe.

 Ejemplo

Un cliente realiza una transferencia internacional a una ONG en un país considerado de riesgo. El sujeto obligado analiza la operación y determina que existen indicios suficientes para sospechar de una posible canalización ilícita. Se remite un informe al SEPBLAC con toda la documentación pertinente, y semanas después el SEPBLAC solicita más información. La entidad responde en tiempo y forma, sin informar en ningún momento al cliente de las actuaciones. Esta conducta constituye una correcta colaboración institucional.

3.5. Abstención de ejecución de operaciones

La abstención de ejecución de operaciones es una medida preventiva que obliga a los sujetos obligados a no ejecutar una operación cuando existan indicios o certeza de que dicha operación puede estar relacionada con el blanqueo de capitales o la financiación del terrorismo, y no sea posible comunicar previamente la operación al SEPBLAC o esperar una autorización formal.

Este deber se activa cuando se considera que la operación puede favorecer o encubrir actividades ilícitas, y existen razones fundadas para sospechar de su legitimidad.

Fig. 6. La abstención en la ejecución de operaciones tiene como objetivo evitar que se lleven a cabo transacciones que puedan acarrear consecuencias irreversibles desde el punto de vista legal o financiero, y proteger a la entidad frente a una posible infracción grave

La abstención debe aplicarse en los siguientes supuestos:

- Cuando exista una sospecha razonable de que la operación forma parte de un proceso de blanqueo.
- Cuando no se haya podido realizar la identificación del cliente o del titular real.
- Cuando el cliente se niega a facilitar información o documentación necesaria.
- Cuando la operación es compleja, inusual o no justificada desde el punto de vista económico o legal.

Además, si tras la abstención se considera que existe riesgo real, debe comunicarse de inmediato la operación al **SEPBLAC**, explicando los motivos de la negativa y remitiendo la documentación correspondiente.

No abstenerse en estos casos, especialmente cuando hay indicios claros, puede constituir una infracción grave o muy grave sancionable administrativamente.

Ejemplo

Un cliente intenta realizar una transferencia de 500.000 euros a una cuenta en un país considerado de alto riesgo, alegando una compra internacional. La documentación aportada es imprecisa y no se puede verificar el origen del dinero. La entidad decide abstenerse de ejecutar la operación y comunica el hecho al SEPBLAC, documentando el análisis efectuado y el comportamiento evasivo del cliente.

3.6. Deber de confidencialidad

El deber de confidencialidad impone a los sujetos obligados la prohibición de informar o alertar a los clientes o terceros sobre el hecho de que una operación ha sido comunicada al SEPBLAC o está siendo objeto de análisis o investigación por parte de las autoridades. Este principio, conocido como "prohibición de revelación", es fundamental para garantizar la eficacia de las investigaciones y evitar la destrucción de pruebas o la huida de implicados.

Esta obligación afecta a:

- La comunicación de operaciones sospechosas.
- Las actuaciones que se deriven de un requerimiento del SEPBLAC u otra autoridad competente.

Fig. 7. El deber de confidencialidad se extiende a todos los empleados de la entidad, así como a colaboradores y agentes externos

No se extingue con el tiempo, ni siquiera tras el cierre de la relación con el cliente, y es compatible con la obligación de colaborar plenamente con las autoridades cuando así lo soliciten.

Excepciones al deber de confidencialidad:

- Información compartida entre entidades pertenecientes al mismo grupo empresarial, siempre que estén en países con normativa equivalente y con fines de cumplimiento normativo.
- Información compartida entre sujetos obligados del mismo sector, en determinados casos y bajo determinadas condiciones, como ocurre con operaciones compartidas entre bancos o notarios.

El incumplimiento de este deber puede constituir una **infracción muy grave**, e incluso puede conllevar responsabilidades penales si se demuestra que la revelación ha obstaculizado una investigación.

Un empleado de una entidad financiera informa confidencialmente a un cliente de que se ha remitido al SEPBLAC un informe sobre una de sus operaciones. Esta acción constituye una violación grave del deber de confidencialidad, aunque el cliente no haya sido formalmente acusado. La entidad debe adoptar medidas disciplinarias internas y puede enfrentarse a una sanción administrativa o incluso penal por obstrucción a la investigación.

3.7. Establecimiento de procedimientos y órganos de control interno

El establecimiento de procedimientos y órganos de control interno constituye un elemento estructural clave para garantizar que las entidades sujetas a la normativa de prevención del blanqueo de capitales actúen con diligencia, eficacia y coherencia ante los riesgos inherentes a sus operaciones.

Toda entidad obligada debe contar con un Manual de Prevención del Blanqueo de Capitales, que documente los procedimientos internos aplicables, adaptados a su volumen de operaciones, perfil de riesgo y sector. Este manual debe ser conocido y aplicado por toda la organización, y revisado periódicamente para asegurar su adecuación a los cambios normativos y operativos.

Anotación

El Manual de Prevención del Blanqueo de Capitales es un documento interno obligatorio que deben elaborar todas las entidades sujetas a la Ley 10/2010. Su finalidad es establecer, de forma clara y adaptada al perfil de riesgo de la entidad, los procedimientos operativos y controles internos para prevenir el blanqueo de capitales y la financiación del terrorismo.

Este manual debe incluir, al menos:

- Procedimientos de identificación y conocimiento del cliente (KYC).
- Protocolo de análisis y comunicación de operaciones sospechosas.
- Política de clasificación de riesgos.
- Esquema de control interno y órganos responsables.
- Plan de formación continua del personal.
- Procedimientos de conservación documental y comunicación con el SEPBLAC.

Sus características esenciales son las siguientes:

- Debe estar por escrito, ser conocido por todo el personal implicado, y estar disponible ante inspecciones.
- Debe adaptarse al volumen de negocio, estructura operativa y tipo de productos de la entidad.
- Debe actualizarse periódicamente, especialmente ante cambios normativos o tras revisiones internas o auditorías externas.

Los procedimientos deben cubrir, al menos:

- Identificación y conocimiento del cliente.

- Seguimiento y análisis de operaciones.

- Comunicación interna de operaciones sospechosas.

- Conservación de documentación.

- Evaluación y gestión del riesgo.

- Formación del personal.

Además, la normativa exige la designación de órganos de control interno, que asumen la responsabilidad de supervisar la aplicación del sistema.

Estos órganos son:

- **Representante ante el SEPBLAC**: persona con experiencia y responsabilidad suficiente para garantizar el cumplimiento normativo y ser el canal oficial de comunicación con la autoridad competente.
- **Órgano de control interno**: formado por miembros de la organización, normalmente de perfil directivo, que supervisan y deciden sobre los procedimientos de prevención, evaluación de operaciones sospechosas y políticas de riesgo.
- En empresas de mayor tamaño, puede establecerse también una unidad técnica de prevención, con funciones analíticas y operativas especializadas.

La existencia y funcionamiento efectivo de estos órganos y procedimientos es objeto de verificación en auditorías externas y revisiones del SEPBLAC, por lo que su implementación debe ser real, documentada y evaluable.

Ejemplo

Una sociedad de intermediación financiera cuenta con un representante ante el SEPBLAC, un comité de cumplimiento normativo y un procedimiento interno que obliga a analizar cualquier operación superior a 100.000 € con una lista de comprobaciones específicas. Cuando una operación supera ese umbral sin justificación suficiente, el comité se reúne para evaluarla y decidir si se comunica como sospechosa.

3.8. Formación

La formación del personal es una obligación legal y una herramienta imprescindible para asegurar la eficacia del sistema de prevención del blanqueo de capitales. Todos los empleados que participen directa o indirectamente en operaciones con clientes, o en tareas de control y supervisión, deben estar adecuadamente formados para identificar riesgos, aplicar correctamente los procedimientos y actuar conforme a la normativa.

La formación debe tener las siguientes características:

- **Periódica**: no puede ser puntual, sino que debe actualizarse con regularidad, especialmente cuando cambian la legislación o los procedimientos internos.
- **Adaptada al perfil del puesto**: no es lo mismo la formación para personal de atención al cliente que para el equipo directivo o el órgano de control interno.
- **Documentada y evaluable**: la entidad debe conservar los registros de participación y aprovechamiento, y estar en condiciones de demostrar ante el SEPBLAC que ha cumplido esta obligación.

Los contenidos formativos deben incluir, como mínimo:

- Conceptos básicos de blanqueo de capitales y financiación del terrorismo.
- Obligaciones legales y responsabilidades del personal.
- Procedimientos internos de identificación, análisis y comunicación.
- Indicadores de operaciones sospechosas.
- Normativa nacional e internacional aplicable.

Fig. 8. La formación externa especializada, así como la participación en seminarios o cursos sectoriales, puede ser complementaria y altamente recomendable, especialmente en entidades de mayor exposición al riesgo

Una empresa aseguradora organiza dos veces al año sesiones formativas obligatorias para todo su personal comercial y de gestión, en las que se actualizan conocimientos sobre señales de alerta, canales de comunicación y normativa vigente. Los nuevos empleados reciben esta formación al incorporarse, y la empresa conserva un registro individual de su realización y evaluación, accesible en caso de inspección.

4. Gestión del control interno

La implementación de una adecuada **gestión del control interno** es fundamental para prevenir el blanqueo de capitales en cualquier organización. Esta gestión se basa en desarrollar e implantar políticas, procedimientos y estructuras internas sólidas que permitan detectar irregularidades, evaluar riesgos y mantener una vigilancia constante sobre las operaciones económicas realizadas por la entidad.

 **Saber más**

La normativa obliga a las entidades a aplicar un enfoque basado en el riesgo (Risk-Based Approach) para asignar niveles de vigilancia adecuados según el grado de exposición de cada operación o cliente. Esta clasificación permite enfocar los recursos de prevención allí donde son más necesarios.

Los tres ejes principales de evaluación son:

- **Riesgo por producto:**
  Hace referencia al tipo de producto o servicio ofrecido. Algunos presentan mayor riesgo, como:
  o   Seguros de vida con prima única elevada.
  o   Productos financieros complejos o con liquidez inmediata.
  o   Operaciones con instrumentos al portador.

- **Riesgo por cliente:**
  Se valora el perfil del cliente, su actividad económica y su comportamiento. Requieren especial atención:
  o   Personas con Responsabilidad Pública (PEPs).
  o   Clientes sin actividad económica clara.
  o   Personas jurídicas con estructuras opacas.

- **Riesgo por canal:**
  Depende del medio utilizado para establecer la relación o realizar la operación:
  o   Mayor riesgo: canales no presenciales, intermediarios o comercio electrónico.
  o   Menor riesgo: atención presencial en oficina con documentación verificada.

Esta clasificación no es estática: debe actualizarse con revisiones periódicas, en función del comportamiento del cliente y de la evolución del entorno.

4.1. Medidas de control interno

Las medidas de control interno son el conjunto de mecanismos, políticas y actuaciones que deben establecer los sujetos obligados para garantizar el cumplimiento eficaz de las obligaciones en materia de prevención del blanqueo de capitales y la financiación del terrorismo. Estas medidas no son accesorias, sino una parte estructural del sistema de cumplimiento normativo de la entidad.

Su finalidad es doble:

- Detectar posibles riesgos o deficiencias en el sistema de prevención.

- Reducir o eliminar la posibilidad de que se produzcan operaciones relacionadas con fondos ilícitos dentro de la organización.

Entre las medidas fundamentales que deben adoptarse, destacan las siguientes:

- **Evaluación del riesgo de clientes, productos y operaciones**: La entidad debe clasificar a sus clientes y productos en función del riesgo de blanqueo, aplicando medidas proporcionales (normales, simplificadas o reforzadas).
- **Implementación de alertas automáticas** en los sistemas informáticos para detectar operaciones inusuales.
- **Segregación de funciones**: Evitar la concentración de responsabilidades en una sola persona o departamento.
- **Supervisión y revisión continua** de las actividades realizadas por el personal, especialmente en áreas sensibles.
- **Registro centralizado de operaciones sospechosas o relevantes** para permitir su análisis agregado.

Estas medidas deben ser proporcionales a la estructura y volumen de la entidad, pero siempre suficientes para mitigar los riesgos asociados. No se trata de aplicar protocolos genéricos, sino de diseñar controles específicos y adaptados al perfil operativo de cada organización.

Ejemplo

Una empresa de cambio de divisas establece un sistema de alertas automáticas que se activa cuando un mismo cliente realiza varias operaciones consecutivas en efectivo por importes ligeramente inferiores al límite de declaración. Esta medida interna permite detectar posibles intentos de fraccionamiento, una técnica habitual de blanqueo.

4.2. Procedimientos de control interno

Los procedimientos de control interno son las instrucciones operativas que desarrollan y concretan las medidas generales descritas en el epígrafe anterior. Son fundamentales porque determinan cómo se lleva a la práctica, de forma diaria y estandarizada, el cumplimiento de la normativa dentro de la entidad.

Estos procedimientos deben quedar recogidos en el Manual de Prevención del Blanqueo de Capitales, y pueden incluir procedimientos para:

- Alta de clientes y verificación documental.
- Actualización periódica de datos e información del cliente.
- Clasificación y revaluación del riesgo del cliente.
- Detección de operaciones inusuales mediante filtros preestablecidos.
- Registro y análisis interno de operaciones sospechosas.
- Canal interno de comunicación hacia el representante ante el SEPBLAC.
- Actuación ante requerimientos de información de autoridades competentes.
- Revisión de operaciones por doble control, especialmente si superan ciertos umbrales.

Para que estos procedimientos sean eficaces, deben reunir estas condiciones:

- Ser claros, accesibles y conocidos por el personal.
- Estar validados y supervisados por el órgano de control interno.
- Ser auditables, es decir, que pueda verificarse su aplicación con trazabilidad documental.
- Estar sujetos a mejora continua, en función de los resultados de las revisiones internas o externas.

Ejemplo

Una entidad aseguradora define en su manual que toda operación de seguro de vida superior a 30.000 € debe ser revisada por un segundo responsable y comunicada internamente al representante ante el SEPBLAC, quien evalúa si es necesario remitir una comunicación formal. Este procedimiento evita que decisiones sensibles queden en manos de un solo agente y asegura una trazabilidad documental.

4.3. Órganos de control interno y de comunicación

Los órganos de control interno y de comunicación constituyen la estructura funcional que toda entidad obligada debe establecer para garantizar el cumplimiento efectivo de las obligaciones en materia de prevención del blanqueo de capitales y financiación del terrorismo. Su función principal es supervisar, coordinar y canalizar todas las actuaciones relacionadas con la prevención, especialmente aquellas que implican la evaluación de operaciones, la gestión del riesgo y la relación con el SEPBLAC.

Los órganos pueden variar según el tamaño y complejidad de la entidad, pero deben cumplir como mínimo con las siguientes funciones:

- Definir y actualizar los procedimientos internos de prevención.
- Analizar las operaciones sospechosas y decidir si deben ser comunicadas al SEPBLAC.
- Coordinar las acciones formativas del personal.
- Realizar un seguimiento continuo de la aplicación de medidas y controles internos.
- Supervisar el cumplimiento normativo, informando a la alta dirección.

En entidades grandes, este órgano puede estar constituido como un comité de prevención o unidad técnica de control, integrado por personal especializado.

Fig. 9. En entidades pequeñas, las funciones de control interno pueden concentrarse en una persona con capacidad de decisión, siempre que esté debidamente capacitada y tenga acceso a los recursos necesarios

Estos órganos deben documentar todas sus decisiones y actuaciones, de forma que queden registradas para fines de auditoría o inspección por parte de las autoridades.

Ejemplo

Una sociedad gestora de fondos establece un Comité de Prevención compuesto por el director de cumplimiento normativo, el responsable de operaciones y el representante ante el SEPBLAC. Este comité se reúne mensualmente y, de forma extraordinaria, cuando se detecta una operación de riesgo. Todas sus decisiones se recogen en actas archivadas en formato digital y firmadas electrónicamente.

4.4. Representantes

Toda entidad sujeta a la Ley 10/2010 debe designar un representante ante el SEPBLAC, que será el interlocutor oficial entre la entidad y el Servicio Ejecutivo de la Comisión de Prevención del Blanqueo de Capitales e Infracciones Monetarias. Esta figura es obligatoria y debe reunir una serie de requisitos básicos para desempeñar su función con eficacia y legalidad.

Las características del representante son las siguientes:

- Debe tener experiencia y capacidad técnica suficiente, así como acceso a toda la información relevante dentro de la entidad.
- Debe estar formalmente designado, y su nombramiento debe comunicarse al SEPBLAC para su registro oficial.
- Asume la responsabilidad directa sobre las comunicaciones de operaciones sospechosas y la coordinación de las medidas internas de prevención.
- No puede delegar sus funciones, aunque sí puede contar con el apoyo de otros órganos internos.
- En el caso de grupos empresariales, se podrá designar un único representante para todo el grupo si las características operativas lo permiten.

El representante debe garantizar que:

- La entidad cumple con sus obligaciones legales.
- Se realizan las comunicaciones obligatorias al SEPBLAC.
- Se aplican medidas de corrección si se detectan fallos en los procedimientos internos.

Una correduría de seguros con varias oficinas en distintas comunidades autónomas nombra como representante ante el SEPBLAC a su directora de cumplimiento normativo. Esta profesional recibe formación específica, tiene acceso directo a los sistemas internos y coordina las comunicaciones con el Servicio Ejecutivo. Su designación es comunicada formalmente a través del canal habilitado.

4.5. Censo de sujetos obligados

El censo de sujetos obligados es el registro que mantiene el SEPBLAC para identificar y controlar a todas las personas físicas o jurídicas que, en virtud de su actividad, deben cumplir con la normativa de prevención del blanqueo de capitales. Este censo tiene una función administrativa y de supervisión, ya que permite conocer qué entidades deben aplicar medidas de control y a quién dirigir requerimientos, comunicaciones o inspecciones.

La inscripción en el censo es obligatoria para todos los sujetos obligados, y debe realizarse en el momento en que inician su actividad profesional o económica, siempre que esta esté incluida en los supuestos del artículo 2 de la Ley 10/2010.

Las obligaciones relacionadas con el censo son:

- Comunicar al SEPBLAC la condición de sujeto obligado y los datos de la entidad.
- Actualizar los datos censales en caso de cambios relevantes (representante, domicilio, razón social, etc.).

- Comunicar el cese de actividad cuando este deje de estar sujeta a la normativa.

La inscripción permite a las autoridades realizar seguimientos periódicos y aplicar criterios de supervisión en función del riesgo del sector o la actividad.

No estar debidamente inscrito en el censo, o no mantener los datos actualizados, puede ser considerado como infracción leve o grave, dependiendo del caso.

Una nueva empresa dedicada a la intermediación inmobiliaria inicia su actividad en 2024. Al estar incluida como sujeto obligado, comunica al SEPBLAC su inscripción en el censo, facilitando la información del representante designado. En 2026, cambia su dirección fiscal y designa un nuevo responsable, por lo que actualiza los datos a través del procedimiento habilitado, evitando posibles sanciones por omisión de información.

5. Comunicación de operaciones

Un aspecto vital para prevenir el blanqueo de capitales reside en la adecuada comunicación de operaciones sospechosas o inusuales por parte de las entidades obligadas hacia las autoridades competentes. Este proceso requiere de canales y protocolos específicos para que dicha comunicación se realice de forma ágil, segura y confidencial, contribuyendo así a la identificación y control temprano de actividades potencialmente ilícitas.

5.1. Comunicación de operaciones por iniciativa de la entidad obligada del sector asegurador

La comunicación de operaciones por iniciativa de la entidad aseguradora es una obligación específica que consiste en informar al Servicio Ejecutivo (SEPBLAC) sobre operaciones que, aunque no cumplan necesariamente con los indicadores típicos de sospecha, resultan significativas, inusuales o relevantes por su naturaleza, importe o falta de justificación. Esta comunicación se basa en el juicio profesional y en el conocimiento del cliente por parte del sujeto obligado.

En el sector asegurador, esta obligación se aplica particularmente a:

- Contrataciones de seguros de vida con grandes aportaciones iniciales o primas únicas elevadas.
- Rescates anticipados de pólizas de forma atípica.
- Cambios frecuentes e injustificados en beneficiarios o modalidades de cobro.
- Pagos en efectivo o mediante instrumentos financieros poco comunes.
- Fraccionamiento de operaciones para eludir los límites de control establecidos.

Aunque no se trate necesariamente de una operación sospechosa, la entidad debe remitir la información al SEPBLAC como medida preventiva.

Esta comunicación puede realizarse:

- Antes, durante o inmediatamente después de la operación, según el nivel de riesgo detectado.
- A través del sistema telemático habilitado por el SEPBLAC, con identificación del representante y documentación asociada.

Es importante destacar que esta iniciativa no implica acusación ni sospecha firme, sino la actuación diligente del sujeto obligado ante una situación que podría justificar un análisis posterior por parte de las autoridades.

Ejemplo

Una persona contrata un seguro de vida con prima única de 250.000 €, pagada en efectivo, sin justificación clara de la procedencia del dinero. Aunque no existen antecedentes negativos del cliente, la operación resulta inusual y no se ajusta al perfil declarado. La entidad, por iniciativa propia, comunica la operación al SEPBLAC, cumpliendo así con su deber preventivo.

5.2. Operaciones sospechosas

Las operaciones sospechosas son aquellas que, tras un análisis realizado por la entidad, pueden estar relacionadas con el blanqueo de capitales o la financiación del terrorismo. Esta tipología se basa no solo en el importe económico, sino en factores como el comportamiento del cliente, la estructura de la operación o la falta de coherencia con la actividad declarada.

Vocabulario

Se describen algunos términos vinculados a la detección de operaciones sospechosas:

- **Operación sospechosa:** Cualquier transacción que, por su importe, forma, naturaleza o falta de coherencia con el perfil del cliente, pueda estar relacionada con el blanqueo de capitales o la financiación del terrorismo. No es necesario que exista prueba, basta con una sospecha razonable y fundamentada.
- **ROS (Reporte de Operación Sospechosa):** Es el informe confidencial que el sujeto obligado remite al SEPBLAC cuando identifica una operación sospechosa. Debe estar documentado, fechado y firmado, y enviarse por vía telemática segura.
- **PEP (Persona con Responsabilidad Pública):** Persona que ocupa o ha ocupado un cargo público relevante, así como sus familiares cercanos y personas estrechamente vinculadas. Por su posición, se considera que presenta un riesgo elevado de estar implicado en corrupción o actividades ilícitas, por lo que exige una diligencia reforzada.

El artículo 18 de la Ley 10/2010 establece que los sujetos obligados deben:

- Analizar en profundidad aquellas operaciones que no encajen con el perfil habitual del cliente.
- Emitir un informe interno razonado, con la documentación que lo justifique.
- Comunicar sin demora al SEPBLAC cualquier operación sospechosa, sin esperar a su ejecución si el riesgo lo requiere.

Los criterios para identificar una operación como sospechosa pueden ser variados.

A continuación, se enumeran algunos ejemplos comunes en el sector asegurador:

- Aportaciones o pagos desproporcionados respecto al perfil económico del asegurado.
- Contratación de seguros de vida con beneficiarios que cambian repetidamente sin causa clara.
- Rescates de seguros pocos días después de su contratación.
- Contrataciones desde jurisdicciones de alto riesgo o paraísos fiscales.

Fig. 10. La conducta evasiva del cliente ante solicitudes de información es también una conducta sospechosa

La comunicación debe ser inmediata y mantenerse bajo el principio de confidencialidad. La entidad que actúe de buena fe al realizar esta comunicación queda exenta de responsabilidad legal, incluso si la operación resulta ser legal.

Importante

No solo los datos objetivos (como importes elevados o procedencia geográfica) determinan si una operación es sospechosa. El comportamiento del cliente durante la interacción también puede revelar indicios de blanqueo de capitales.

Se consideran conductas de riesgo aquellas en las que el cliente:

- Evita aportar documentación justificativa o retrasa su entrega sin motivo claro.
- Se muestra nervioso o evasivo al explicar el origen de los fondos.
- Modifica frecuentemente beneficiarios o condiciones contractuales sin causa aparente.
- Reacciona negativamente cuando se le informa de los controles exigidos por ley.

Estas señales, aunque subjetivas, deben tenerse en cuenta junto con otros elementos para decidir si una operación requiere examen especial o comunicación al SEPBLAC.

Las señales de alerta habituales en operaciones sospechosas son:

Indicador	Ejemplo
Monto elevado sin justificación	Pago de una prima única de 500.000 € en efectivo.
Incongruencia con el perfil del cliente	Estudiante que contrata un seguro de vida de alto capital.
Cambio frecuente de beneficiarios	Modificaciones mensuales sin justificación de los beneficiarios.
Participación de personas jurídicas opacas	Sociedad interpuesta sin actividad económica conocida.

Ejemplo

Un cliente contrata un seguro de vida con una prima elevada y lo rescata a los pocos días solicitando que el importe sea transferido a una cuenta en un país considerado de riesgo. La operación genera múltiples alertas internas. Tras el análisis del órgano de control interno, se decide emitir una comunicación de operación sospechosa al SEPBLAC, fundamentada con documentación del caso y sin informar al cliente.

5.3. Operaciones de *reporting* sistemático

Las operaciones de *reporting* sistemático son aquellas que, con independencia de que existan indicios de blanqueo de capitales, deben ser comunicadas obligatoriamente al

SEPBLAC por su naturaleza, frecuencia o volumen económico, en virtud de lo establecido en el artículo 27 de la Ley 10/2010 y desarrollado por el Real Decreto 304/2014.

Este tipo de operaciones está sujeto a un deber de comunicación periódica, no motivado por sospechas concretas, sino por la necesidad de que el SEPBLAC cuente con información sistemática sobre determinados movimientos económicos que puedan ser objeto de análisis estadístico o de inteligencia financiera.

En el caso del sector asegurador, las entidades deben remitir información sobre:

- Contratación de seguros de vida con primas únicas o aportaciones elevadas.
- Modificaciones relevantes en los contratos que supongan alteraciones significativas del riesgo o de los beneficiarios.
- Rescates anticipados de seguros con implicaciones financieras relevantes.

El reporting sistemático se realiza:

- Con periodicidad mensual o trimestral, según determine la normativa o lo requiera el SEPBLAC.
- A través del formato y canal electrónico específico, con estructuras normalizadas de datos.

Este tipo de comunicación permite al SEPBLAC analizar patrones de comportamiento económico, identificar concentraciones de riesgo y detectar redes estructuradas de blanqueo o financiación del terrorismo que podrían pasar inadvertidas sin una visión agregada.

Ejemplo

Una aseguradora realiza cada mes una comunicación sistemática al SEPBLAC sobre todas las pólizas de vida contratadas con primas superiores a 100.000 €. Aunque ninguna de estas operaciones sea sospechosa de forma individual, el Servicio Ejecutivo utiliza esta información para detectar si hay clientes que repiten este patrón en distintas entidades o a través de estructuras opacas.

5.4. Comunicación de información a instancia del Servicio Ejecutivo

Además de las comunicaciones que realizan los sujetos obligados por iniciativa propia (operaciones sospechosas o reporting sistemático), el SEPBLAC tiene la potestad de solicitar información específica a las entidades en el marco de sus funciones de análisis, supervisión o investigación. Esta es la llamada comunicación a instancia del Servicio Ejecutivo, regulada en el artículo 21 de la Ley 10/2010.

Este requerimiento puede versar sobre:

- Datos identificativos y documentación del cliente.
- Información detallada sobre determinadas operaciones.
- Justificación del origen de los fondos o la finalidad económica.
- Medidas internas aplicadas por la entidad ante el caso concreto.
- Cualquier otra información que el SEPBLAC considere relevante para sus fines.

Ante este tipo de solicitud, el sujeto obligado debe:

- Responder con la máxima diligencia y en el plazo requerido (generalmente entre 5 y 15 días hábiles).
- Asegurar la veracidad, integridad y trazabilidad de la información proporcionada.
- No comunicar al cliente que se ha recibido dicho requerimiento (deber de confidencialidad).

Este tipo de comunicación suele derivarse de investigaciones en curso, operaciones en análisis por el SEPBLAC, o como parte de inspecciones periódicas o actuaciones preventivas.

Una entidad aseguradora recibe una solicitud del SEPBLAC para aportar información sobre un cliente que contrató tres seguros de vida con grandes primas en el último año. El requerimiento incluye los contratos, formularios de identificación, documentación sobre el origen de los fondos y el perfil económico declarado. La entidad debe recopilar esta información y remitirla sin demora, asegurándose de no alertar al cliente en ningún momento.

5.5. Exención de responsabilidad

La exención de responsabilidad es una garantía jurídica fundamental prevista en la Ley 10/2010, que protege a los sujetos obligados y a su personal cuando, en el ejercicio de sus funciones de prevención del blanqueo de capitales, comunican información al SEPBLAC de buena fe. Esta exención pretende facilitar la colaboración con las autoridades sin temor a represalias legales o contractuales.

Concretamente, la normativa establece que no incurren en responsabilidad penal, civil ni administrativa quienes, actuando con diligencia y sin ánimo doloso, informen al SEPBLAC de operaciones sospechosas o proporcionen información requerida en el marco de una investigación.

Recuerda

Cuando una entidad o profesional comunica una operación sospechosa o responde a un requerimiento del SEPBLAC, no incurre en responsabilidad penal, civil ni administrativa, siempre que actúe con buena fe y conforme a la normativa.

Para que se aplique esta exención de responsabilidad es fundamental:

- Que la actuación esté motivada razonablemente, aunque la operación finalmente resulte lícita.
- Que la comunicación o respuesta se realice a través de los cauces internos establecidos.
- Que se conserve documentación que justifique la decisión tomada (análisis, correos, justificantes, etc.).

Este principio protege tanto a la entidad como a los empleados que intervienen en el proceso, evitando posibles represalias por parte del cliente o terceros implicados.

La protección se aplica incluso cuando:

- La operación finalmente no resulte ilícita.
- La información aportada no dé lugar a una investigación formal.
- La comunicación se base únicamente en sospechas razonables, sin pruebas concluyentes.

Esta exención también cubre a:

- Empleados o agentes de la entidad que realicen la comunicación a través del cauce establecido.
- Colaboradores externos que actúen conforme a las obligaciones del sujeto obligado.

Es fundamental que la comunicación se haya realizado conforme a los procedimientos internos aprobados y se pueda acreditar que fue motivada por una actuación razonada y fundamentada.

Un empleado de una entidad aseguradora comunica internamente una operación sospechosa tras detectar un patrón inusual en varias pólizas. Aunque tras la investigación se concluye que la operación era legal, ni el trabajador ni la entidad pueden ser sancionados, despedidos o demandados por el cliente. La comunicación se realizó conforme a la normativa y se encuentra amparada por la exención de responsabilidad.

5.6. Procedimiento de comunicación

El procedimiento de comunicación es el conjunto de pasos que debe seguir un sujeto obligado para informar al SEPBLAC sobre una operación sospechosa, sistemática o en respuesta a un requerimiento.

Fig. 11. El procedimiento de comunicación debe ser conocido por todos los trabajadores y trabajadoras implicados en operaciones con clientes o en el control interno

Este procedimiento, además, debe estar claramente definido y documentado dentro de los manuales internos de prevención.

Los elementos esenciales del procedimiento son:

1. **Detección interna**: A través de alertas automáticas, análisis del personal o información aportada por terceros, se identifica una operación potencialmente sospechosa.
2. **Análisis y evaluación**: El órgano de control interno analiza la operación, solicita información adicional si procede, y decide si hay indicios suficientes para considerarla sospechosa.
3. **Informe interno razonado**: Si se confirma la sospecha, se elabora un informe documentado que debe incluir:
   o Datos del cliente y de la operación.
   o Motivos de la sospecha.
   o Documentación justificativa (contratos, comunicaciones, extractos, etc.).
   o Fecha y firma del análisis.
4. **Comunicación externa al SEPBLAC**:
   o Se realiza a través del canal telemático seguro habilitado.
   o El informe es remitido por el representante designado, que actúa como único canal oficial.
   o Se mantiene la confidencialidad absoluta durante todo el proceso.
5. **Registro y conservación**: La entidad debe conservar copia del informe enviado, así como los justificantes de recepción por parte del SEPBLAC, durante un plazo mínimo de 10 años.
6. **Seguimiento**: En caso de respuesta o requerimiento del SEPBLAC, la entidad debe colaborar activamente y mantener la trazabilidad de las actuaciones realizadas.

Este procedimiento es una obligación legal y una garantía de actuación diligente que protege tanto a la entidad como a sus empleados.

Una entidad de seguros detecta que un cliente ha modificado tres veces en dos meses los beneficiarios de una póliza con prima elevada. El departamento de control interno analiza el caso, documenta la operación y remite un informe de operación sospechosa al SEPBLAC a través del canal seguro. El representante conserva toda la documentación y registra la comunicación conforme al procedimiento establecido.

6. Conocimiento de infracciones y sanciones

El régimen legal para la prevención del blanqueo de capitales contempla claramente las distintas infracciones y sanciones aplicables a las entidades y profesionales obligados en caso de incumplimiento de sus obligaciones. Se deben conocer estos aspectos para comprender la importancia del cumplimiento normativo y las implicaciones legales asociadas al descuido o negligencia.

6.1. Infracciones

Las infracciones en materia de prevención del blanqueo de capitales y de la financiación del terrorismo son los incumplimientos de las obligaciones establecidas en la Ley 10/2010, así como en su desarrollo reglamentario (Real Decreto 304/2014).

La tipificación de estas conductas tiene como finalidad asegurar que los sujetos obligados mantengan un comportamiento diligente y colaborativo en la prevención de actividades ilícitas.

La ley distingue tres niveles de infracciones: muy graves, graves y leves, en función de su naturaleza, alcance, intencionalidad y consecuencias.

A. Infracciones muy graves

Se consideran muy graves aquellas que comprometen de forma significativa la eficacia del sistema de prevención. Incluyen, entre otras:

- Incumplimiento sistemático del deber de identificación del cliente o del titular real.
- No comunicar operaciones sospechosas al SEPBLAC, pese a existir indicios claros.
- Realizar operaciones con personas o entidades incluidas en listas internacionales de sanción (como las vinculadas al terrorismo).
- Incumplimiento reiterado de los requerimientos del SEPBLAC.
- Incumplir de forma generalizada los procedimientos de control interno.

Estas infracciones pueden acarrear multas muy elevadas (hasta 10 millones de euros o el 10 % del volumen de negocio anual) y la inhabilitación para operar en determinados sectores durante un período de hasta 10 años.

B. Infracciones graves

Incluyen incumplimientos importantes, pero con menor impacto o sin reiteración.

Algunos ejemplos son:

- No identificar adecuadamente al cliente en operaciones puntuales.
- No conservar la documentación exigida durante el tiempo legal.
- Aplicar de forma inadecuada medidas de diligencia debida.
- Comunicar fuera de plazo las operaciones sistemáticas o sospechosas.
- No implementar programas adecuados de formación del personal.

Estas pueden ser sancionadas con multas de hasta 5 millones de euros o el 5 % del volumen de negocio anual, además de amonestaciones públicas o privadas.

C. Infracciones leves

Son incumplimientos de carácter más técnico o puntual, como:

- Deficiencias menores en los procedimientos internos.
- Retrasos leves en la actualización de los datos censales.
- Fallos esporádicos en la aplicación de medidas de control sin impacto real.

Fig. 12. Las infracciones leves suelen sancionarse con multas de hasta 60.000 euros o apercibimientos formales

Una entidad aseguradora comete una infracción muy grave por no comunicar varias operaciones sospechosas, pese a disponer de alertas internas.

Supongamos que:

- Su volumen de negocio anual es de 35 millones de euros.
- El beneficio obtenido como resultado de la infracción (por ejemplo, comisiones) es de 1,2 millones de euros.

Los límites máximos legales para la multa serían:

- 10.000.000 € (límite absoluto).
- 10 % del volumen de negocio anual = 10 % de 35 M € = 3.500.000 €.
- El doble del beneficio obtenido = 2 × 1,2 M € = 2.400.000 €.

En este caso, la sanción podría alcanzar hasta 3.500.000 €, al ser el importe más alto aplicable entre las tres opciones.

A continuación, se presenta una tabla resumen de los tipos de infracciones:

Gravedad	Ejemplo de conducta	Sanciones posibles
Muy grave	No comunicar operaciones sospechosas pese a indicios claros	Multas hasta 10 millones € + inhabilitación hasta 10 años
Grave	Aplicar incorrectamente la identificación del cliente en varias operaciones	Multas hasta 5 millones € + amonestaciones públicas o privadas
Leve	No conservar correctamente un documento exigido en un caso aislado	Multas hasta 60.000 € o apercibimiento

 Ejemplo

Una entidad aseguradora no remite ninguna comunicación de operaciones sospechosas durante tres años, pese a haber detectado varios casos internos que se ajustaban a los indicadores. Durante una inspección, el SEPBLAC verifica que la entidad ignoró sus propias alertas y carece de registros de análisis. Este comportamiento es calificado como una infracción muy grave, por lo que se inicia un expediente sancionador con una propuesta de multa significativa y posible inhabilitación temporal.

6.2. Sanciones

Las sanciones en materia de prevención del blanqueo de capitales y de la financiación del terrorismo constituyen el instrumento coercitivo con el que la administración garantiza que los sujetos obligados cumplan de forma efectiva sus deberes legales. Estas sanciones están reguladas por la Ley 10/2010, completada por su desarrollo reglamentario y otras disposiciones conexas.

Las sanciones se imponen tras un procedimiento sancionador iniciado por el SEPBLAC o por otras autoridades competentes, como el Banco de España, la CNMV o la Dirección General de Seguros, en función del tipo de entidad infractora. Estas autoridades actúan como instructores o sancionadores, dependiendo del caso.

Las sanciones pueden clasificarse en pecuniarias (multas) y no pecuniarias (medidas disciplinarias o restrictivas), y se aplican en función de la gravedad de la infracción cometida.

A. Sanciones por infracciones muy graves

Son multas económicas elevadas, que pueden alcanzar:

- Hasta 10.000.000 euros.
- Hasta el 10 % del volumen de negocios anual total del infractor.
- El doble del beneficio obtenido como resultado de la infracción (cuando este sea cuantificable).

Además, pueden imponerse sanciones accesorias:

- Revocación de la autorización para operar.
- Inhabilitación temporal (hasta 10 años) para ejercer cargos de dirección o administración.
- Publicación en el BOE del nombre del infractor, la naturaleza de la infracción y la sanción impuesta (con carácter obligatorio y con efecto reputacional).

B. Sanciones por infracciones graves

Son multas de hasta 5.000.000 euros o el 5 % del volumen de negocio anual, o el doble del beneficio derivado.

Pueden ser:

- Amonestación pública o privada.
- Suspensión temporal de actividades relacionadas con la infracción por un período de hasta 5 años.
- Inhabilitación para determinadas funciones, especialmente en el caso de administradores o directivos.

C. Sanciones por infracciones leves

Se caracterizan por:

- Multas de hasta 60.000 euros.
- Apercibimiento privado o advertencia formal.
- Generalmente, no se publica en el BOE ni se aplica sanción accesoria, salvo reincidencia o acumulación de incumplimientos.

Para determinar la cuantía alcance de la sanción, la autoridad valorará factores como:

- Gravedad y duración de la infracción.
- Reincidencia o habitualidad.
- Volumen económico de las operaciones afectadas.
- Intencionalidad o negligencia.
- Colaboración o resistencia en el proceso de inspección o investigación.
- Existencia de sistemas de control internos y grado de implantación.

Además de sancionar a la entidad jurídica, las autoridades pueden sancionar a las personas físicas responsables, en especial si ocupan cargos de dirección, supervisión o control, y han participado directa o indirectamente en la infracción.

Ejemplo

Una entidad de gestión patrimonial permite la contratación de varios productos financieros de alto riesgo por parte de clientes extranjeros sin aplicar medidas de identificación del titular real. Durante una inspección, se descubre que esta conducta ha sido sistemática durante más de dos años. La entidad es sancionada con una multa de 6.500.000 €, se publica la resolución en el BOE y se inhabilita por 6 años a dos de sus directivos responsables de cumplimiento normativo.

6.3. Procedimiento sancionador

El procedimiento sancionador en materia de prevención del blanqueo de capitales y financiación del terrorismo es el conjunto de actuaciones administrativas que permiten a las autoridades competentes identificar, instruir y sancionar las infracciones cometidas por los sujetos obligados o por sus responsables. Está regulado por el Título IV de la Ley 10/2010 y se rige por los principios generales del derecho sancionador administrativo.

Fig. 13. El objetivo del procedimiento sancionador no es solo imponer sanciones, sino garantizar los derechos del presunto infractor, asegurar la proporcionalidad en la actuación de la administración y permitir la defensa efectiva de los implicados

El procedimiento se desarrolla en distintas etapas claramente delimitadas:

1. **Inicio del procedimiento:** Puede iniciarse por:
   - Actuación de oficio del SEPBLAC o del órgano supervisor correspondiente (CNMV, Banco de España, Dirección General de Seguros…).
   - Resultado de inspecciones, auditorías o requerimientos previos.
   - Denuncia interna o externa, si da lugar a la detección de posibles infracciones.

   El acuerdo de inicio debe incluir:
   - La identificación del sujeto presuntamente responsable.
   - La descripción de los hechos y posibles infracciones.
   - La designación del instructor y, si procede, del secretario.

2. **Instrucción:** Durante esta fase:
   o Se recaban y analizan pruebas documentales y testimoniales.
   o Se puede solicitar alegaciones al sujeto investigado.
   o El instructor podrá proponer medidas cautelares, como la suspensión temporal de actividades o el requerimiento de cese inmediato de la infracción.

3. **Propuesta de resolución:** Concluida la instrucción, el instructor redacta una propuesta de resolución que puede incluir:
   o La declaración de responsabilidad.
   o La tipificación de la infracción (leve, grave o muy grave).
   o La sanción propuesta y su motivación jurídica.
   o El plazo de alegaciones para el sujeto expedientado.

4. **Resolución:** La autoridad competente dicta la resolución definitiva, que puede:
   o Imponer sanción (multa, amonestación, inhabilitación...).
   o Archivar el expediente, si no se acredita la infracción.
   o Modificar la calificación jurídica de los hechos.

La resolución debe notificarse al interesado y, en los casos de infracciones graves o muy graves, se podrá publicar en el Boletín Oficial del Estado.

Además, el proceso sancionador debe respetar los principios del procedimiento administrativo sancionador, entre ellos:

- Presunción de inocencia.
- Derecho a ser oído y presentar alegaciones.
- Principio de legalidad: solo se puede sancionar por hechos expresamente tipificados como infracción.
- Proporcionalidad: la sanción debe ser adecuada a la gravedad del hecho.
- Motivación: toda resolución sancionadora debe estar fundada y razonada.

Por último, el plazo máximo para resolver un procedimiento sancionador en esta materia es, por lo general, de 12 meses, aunque puede prorrogarse en supuestos especialmente complejos. El retraso injustificado puede conllevar la caducidad del expediente.

El SEPBLAC detecta que una entidad financiera no ha comunicado operaciones sospechosas durante varios años, a pesar de haber detectado indicadores internos. Se abre un procedimiento sancionador que incluye inspección documental, declaración de responsables y revisión del manual interno. Tras el período de alegaciones, el órgano competente impone una multa de 800.000 € y una amonestación pública, por tratarse de una infracción grave cometida por omisión de medidas de control adecuadas.

7. Entendimiento de la función de la Comisión de Prevención del Blanqueo de Capitales e Infracciones Monetarias

La Comisión de Prevención del Blanqueo de Capitales e Infracciones Monetarias ejerce un papel fundamental en la coordinación, supervisión y control de las actividades dirigidas a prevenir el blanqueo y otras irregularidades financieras. Este organismo establece directrices, coordina acciones con diferentes instituciones y vela por el cumplimiento de la normativa vigente en esta materia.

7.1. El Comité Permanente

El Comité Permanente es el principal órgano operativo de la Comisión de Prevención del Blanqueo de Capitales e Infracciones Monetarias (CPBCIM), y tiene como función esencial la dirección estratégica y coordinación efectiva de las políticas nacionales de prevención y lucha contra el blanqueo de capitales y la financiación del terrorismo.

Este comité actúa como núcleo decisor de la Comisión, reuniéndose de forma periódica para valorar la evolución de los riesgos, coordinar actuaciones entre organismos públicos y aprobar directrices que garanticen la aplicación uniforme y eficaz del marco legal.

Entre sus funciones más relevantes se encuentran:

- Aprobar los planes de actuación del SEPBLAC, que opera como su Servicio Ejecutivo.
- Supervisar el cumplimiento de las obligaciones legales por parte de los sujetos obligados.
- Promover propuestas normativas y reformas regulatorias en el ámbito nacional.
- Coordinar la representación de España ante organismos internacionales como el GAFI, el Comité MONEYVAL o la Comisión Europea.
- Evaluar los informes de actividad del SEPBLAC y otros organismos de control.

El Comité Permanente está compuesto por representantes de alto nivel de las instituciones que integran la CPBCIM, como el Ministerio de Economía, el Banco de España, la Agencia Tributaria, la CNMV, el Ministerio del Interior, el Poder Judicial, entre otros.

Fig. 14. La composición del Comité Permanente refleja el carácter transversal e interinstitucional de la lucha contra el blanqueo

Ejemplo

Ante un aumento de operaciones sospechosas detectadas en el sector inmobiliario, el Comité Permanente convoca una reunión extraordinaria para coordinar una estrategia nacional de inspecciones específicas, reforzar los controles en notarías y proponer una reforma legal que incremente la supervisión en operaciones con efectivo.

7.2. Los órganos de apoyo a la Comisión

La Comisión de Prevención del Blanqueo de Capitales e Infracciones Monetarias se apoya en una serie de órganos técnicos y administrativos que permiten la ejecución diaria de sus funciones y aseguran una gestión ágil, especializada y efectiva del sistema nacional de prevención. Estos órganos de apoyo proporcionan información, análisis, asistencia jurídica y operativa al Comité Permanente y a los órganos de control competentes.

Entre los principales órganos de apoyo destacan:

- **El Servicio Ejecutivo (SEPBLAC):** Es el órgano central de recogida, análisis y transmisión de información financiera relacionada con operaciones sospechosas de blanqueo de capitales y financiación del terrorismo.

  Actúa también como unidad de inteligencia financiera española, en coordinación con otros países.

Fig. 15. El papel de SEPBLAC es analítico, técnico y operativo

- **La Secretaría de la Comisión:** Tiene una función administrativa y organizativa.

  Se encarga de:
  - o Convocar reuniones.
  - o Redactar actas y documentos.
  - o Mantener actualizada la información institucional.
  - o Servir de canal de enlace entre los miembros de la Comisión.
- **Los órganos judiciales y policiales adscritos:** Colaboran con la Comisión y el SEPBLAC en las fases de investigación, judicialización y persecución del delito.

  Entre ellos se encuentran:
  - o La Policía Nacional y la Guardia Civil, con unidades especializadas.
  - o La Fiscalía Anticorrupción y de Criminalidad Organizada.
  - o Los Juzgados de Instrucción, en su labor de control jurisdiccional de medidas restrictivas.

Estos órganos de apoyo, aunque no tienen capacidad sancionadora directa, son muy importantes en el funcionamiento coordinado del sistema nacional de prevención, al proporcionar la infraestructura y conocimiento técnico que permiten a la Comisión tomar decisiones fundamentadas.

Ejemplo

Una entidad financiera comunica al SEPBLAC una operación sospechosa de triangulación de fondos entre varias empresas pantalla. El Servicio Ejecutivo inicia un análisis financiero detallado y traslada su informe a la Fiscalía y a las unidades policiales adscritas. Estas actúan coordinadamente con un juzgado de instrucción, abriendo una investigación formal que culmina en el bloqueo preventivo de varias cuentas bancarias.

7.3. La Secretaría de la Comisión

La Secretaría de la Comisión de Prevención del Blanqueo de Capitales e Infracciones Monetarias (CPBCIM) es el órgano administrativo y técnico que da soporte funcional a la Comisión y a su Comité Permanente.

Aunque no tiene funciones operativas ni sancionadoras, su papel es esencial para garantizar el funcionamiento coordinado y eficiente de este organismo interinstitucional.

Entre sus principales funciones se encuentran:

- Convocar las reuniones del Comité Permanente y de la Comisión, asegurando la disponibilidad de los miembros y la documentación necesaria.
- Redactar las actas y mantener el archivo documental de los acuerdos adoptados.
- Canalizar las comunicaciones internas entre los distintos órganos que integran la Comisión y los organismos externos con los que se relaciona.
- Organizar y custodiar la documentación oficial, tanto la relativa a las sesiones como la generada por los órganos de apoyo.
- Coordinar la elaboración de informes, memorias y propuestas elaboradas por el Comité Permanente o sus grupos de trabajo.

Fig. 16. La Secretaría actúa como punto de enlace institucional con organismos nacionales e internacionales, especialmente cuando se requiere una respuesta coordinada o la representación de España en foros técnicos sobre prevención del blanqueo

La dependencia orgánica de la Secretaría suele estar adscrita al Ministerio de Economía y Hacienda, aunque puede recibir instrucciones técnicas del propio Comité Permanente o del Servicio Ejecutivo.

Ejemplo

La CPBCIM decide emitir una recomendación conjunta sobre operaciones de riesgo en criptomonedas. La Secretaría de la Comisión convoca una reunión extraordinaria, recopila aportaciones de los distintos organismos implicados, redacta el documento de trabajo y coordina su distribución entre los miembros para su aprobación en la siguiente sesión.

7.4. El Servicio Ejecutivo

El Servicio Ejecutivo de la Comisión de Prevención del Blanqueo de Capitales e Infracciones Monetarias, más conocido como SEPBLAC, es el órgano central operativo y técnico del sistema español de prevención del blanqueo de capitales. Además de ser un órgano de apoyo a la Comisión, actúa como Unidad de Inteligencia Financiera (UIF) en España y forma parte del sistema internacional de intercambio de información financiera.

Entre sus principales funciones destacan:

- Recepción, análisis y tratamiento de la información relativa a operaciones sospechosas comunicadas por los sujetos obligados.
- Establecimiento de criterios técnicos y recomendaciones sobre el cumplimiento de las obligaciones legales.
- Requerimiento de información adicional a sujetos obligados, tanto con carácter preventivo como en el marco de investigaciones específicas.
- Colaboración con otras unidades de inteligencia financiera extranjeras, organismos internacionales (GAFI, MONEYVAL, Egmont Group), y autoridades judiciales o policiales.
- Supervisión del cumplimiento normativo, mediante la inspección y el control de las políticas internas de las entidades supervisadas.

- Apoyo técnico a los procedimientos sancionadores, en colaboración con los órganos administrativos competentes.

 **Saber más**

La lucha contra el blanqueo de capitales requiere una coordinación internacional sólida, especialmente en el intercambio de información entre Unidades de Inteligencia Financiera (UIF) de distintos países.

En este contexto, destacan dos mecanismos:

- **Grupo Egmont:** Es una organización internacional que agrupa a más de 160 UIF de todo el mundo, incluyendo el SEPBLAC.

  Su objetivo es facilitar la cooperación internacional mediante:
  o El intercambio seguro de información sobre operaciones sospechosas.
  o La formación y asistencia técnica entre UIF.
  o La mejora de estándares internacionales.

- **FIU.net:** Es una plataforma tecnológica segura, desarrollada en el ámbito de la Unión Europea, que permite a las UIF europeas compartir información en tiempo real. Facilita la detección de operaciones transfronterizas sospechosas que, de otro modo, pasarían desapercibidas.

Gracias a estas redes, se mejora la capacidad de respuesta coordinada frente a delitos financieros complejos y se garantiza un seguimiento eficaz de los fondos ilícitos a nivel global.

El SEPBLAC tiene competencias para iniciar investigaciones, solicitar bloqueos cautelares y emitir informes de inteligencia financiera, que pueden derivar en actuaciones judiciales o fiscales.

Además, es responsable del mantenimiento del canal telemático seguro a través del cual los sujetos obligados comunican operaciones sospechosas o sistemáticas.

Una entidad aseguradora detecta indicios de blanqueo en una operación y comunica el caso al SEPBLAC. Tras analizar la información, el SEPBLAC observa conexiones con operaciones similares reportadas por otras entidades, lo que le permite identificar una red de empresas pantalla. Emite un informe de inteligencia financiera que es remitido a la Fiscalía, quien abre diligencias penales. Este es un ejemplo clásico del papel central del SEPBLAC como motor de la prevención y la investigación.

7.5. Unidades Policiales adscritas al Servicio Ejecutivo

Las unidades policiales adscritas al Servicio Ejecutivo (SEPBLAC) constituyen el brazo operativo en materia de investigación policial de los delitos de blanqueo de capitales y financiación del terrorismo. Su misión es proporcionar apoyo especializado a la Unidad de Inteligencia Financiera (SEPBLAC) y actuar como nexo entre el análisis financiero y la persecución penal de estas actividades delictivas.

Estas unidades están integradas por miembros de las Fuerzas y Cuerpos de Seguridad del Estado, concretamente:

- Cuerpo Nacional de Policía, a través de la Unidad Central de Delincuencia Económica y Fiscal (UDEF).
- Guardia Civil, a través de la Unidad Central Operativa (UCO) y otras unidades especializadas en delitos económicos y blanqueo.

Estas unidades operan bajo adscripción funcional al SEPBLAC, lo que significa que, aunque mantienen su dependencia orgánica de sus respectivos cuerpos, colaboran directamente en los trabajos de análisis, evaluación y ejecución de medidas relacionadas con la inteligencia financiera.

Las funciones principales de estas unidades son las siguientes:

- Investigar operaciones complejas de blanqueo de capitales, una vez detectadas o analizadas por el SEPBLAC.
- Ejecutar medidas cautelares, como el bloqueo o embargo de fondos y activos, previa autorización judicial.
- Apoyar las investigaciones penales iniciadas por la Fiscalía o los jueces de instrucción, especialmente cuando se requiere intervención técnica o financiera.
- Participar en operativos conjuntos nacionales o internacionales, coordinados por EUROPOL, INTERPOL o el GAFI.
- Custodiar pruebas documentales o digitales, incluyendo registros contables, extractos bancarios y dispositivos electrónicos incautados.
- Actuar como canal policial en la cooperación internacional, compartiendo datos y colaborando con cuerpos policiales extranjeros.

Estas unidades trabajan de forma coordinada con:

- **El SEPBLAC**, para el análisis financiero y el seguimiento de operaciones.
- **El Ministerio Fiscal**, especialmente la Fiscalía Especial contra la Corrupción y la Criminalidad Organizada.
- **Juzgados de instrucción**, en procedimientos penales relacionados con blanqueo, corrupción, narcotráfico o crimen organizado.
- **Aduanas y Agencia Tributaria**, cuando hay implicación de delitos fiscales o contrabando.

Anotación

La prevención y persecución del blanqueo de capitales requiere no solo el análisis financiero, sino también la capacidad investigadora y operativa de los cuerpos policiales especializados. Por ello, el SEPBLAC cuenta con unidades policiales adscritas a su estructura, integradas por agentes de la Policía Nacional, Guardia Civil y Vigilancia Aduanera, que trabajan de forma conjunta y coordinada.

Estas unidades desempeñan funciones como:

- Apoyar el análisis de operaciones sospechosas con criterios policiales e inteligencia criminal.
- Investigar redes delictivas complejas con dimensión económica, como crimen organizado, corrupción o financiación del terrorismo.
- Recabar información complementaria que no está disponible en bases de datos financieras.
- Coordinar actuaciones con juzgados y fiscalías especializadas en delitos económicos.

Esta colaboración permite una respuesta más eficaz y rápida, especialmente cuando hay que adoptar medidas urgentes como el bloqueo de fondos o la intervención de bienes.

Su intervención resulta clave en operaciones de gran escala donde es necesaria una actuación urgente, sigilosa y especializada.

Ejemplo

Tras recibir múltiples comunicaciones de operaciones sospechosas, el SEPBLAC detecta un entramado de empresas pantalla que canaliza fondos desde actividades ilícitas en el extranjero. Las unidades policiales adscritas al SEPBLAC, en coordinación con la UDEF y la UCO, realizan un operativo en varias provincias españolas, detienen a los implicados, incautan dispositivos electrónicos y bloquean más de 2 millones de euros en cuentas corrientes. La operación es judicializada con base en los informes previos elaborados por el SEPBLAC

8. Prevención y bloqueo de la financiación del terrorismo

La financiación del terrorismo constituye una problemática estrechamente vinculada al blanqueo de capitales, con particularidades propias que exigen medidas específicas de prevención y bloqueo.

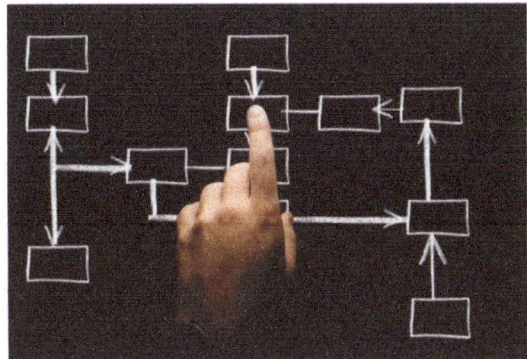

Fig. 17. La legislación vigente articula mecanismos estructurados para impedir que organizaciones terroristas canalicen recursos económicos a través de actividades aparentemente legítimas, fortaleciendo así la seguridad pública y financiera

8.1. Bloqueo de transacciones y movimientos de capitales y prohibición de apertura de cuentas en entidades financieras

Una de las medidas más contundentes en la lucha contra la financiación del terrorismo es la posibilidad de bloquear de forma inmediata las transacciones y movimientos de capitales que puedan estar vinculados con personas físicas o jurídicas relacionadas con actividades terroristas. Esta medida tiene carácter preventivo, urgente y cautelar, y puede ser adoptada sin necesidad de una resolución judicial previa, aunque siempre bajo control jurisdiccional posterior.

 **Importante**

Cuando una entidad detecta una operación que puede estar relacionada con blanqueo de capitales o financiación del terrorismo, tiene la obligación de abstenerse de ejecutarla si no es posible comunicar previamente la operación al SEPBLAC o esperar su autorización.

En estos casos, el bloqueo de la transacción debe ir acompañado de:

- Una comunicación inmediata al SEPBLAC, a través de los canales habilitados.
- Una explicación documentada de los motivos que justifican el bloqueo.
- La conservación de toda la información y documentación vinculada a la operación.
- La operación no puede desbloquearse ni ejecutarse sin autorización expresa del SEPBLAC. Hacerlo supondría una infracción grave o muy grave con consecuencias administrativas o incluso penales.

Este procedimiento busca prevenir daños irreversibles y garantizar que los fondos no se desvíen antes de que las autoridades puedan intervenir.

El bloqueo de capitales consiste en:

- Congelar fondos o activos financieros que estén en poder de personas, entidades u organizaciones incluidas en listas nacionales o internacionales (como las de la Unión Europea, el Consejo de Seguridad de la ONU o listas nacionales aprobadas por el Gobierno).
- Impedir su transferencia, movilización o disposición, ya sea total o parcialmente.
- Suspender operaciones en curso cuando existan indicios razonables de vinculación con el terrorismo.

Además, se prohíbe expresamente:

- La apertura de cuentas bancarias o instrumentos financieros a nombre de personas o entidades incluidas en las listas de sanción.
- El establecimiento de nuevas relaciones de negocio, incluso si no existen fondos actualmente en movimiento.

Estas medidas deben ser adoptadas con la mayor urgencia posible, y las entidades financieras o aseguradoras tienen la obligación legal de ejecutarlas de forma inmediata, una vez notificadas o conocidas, sin necesidad de requerimiento individualizado en los casos de listas públicas.

Ejemplo

Una entidad bancaria detecta que uno de sus clientes ha sido incluido en la lista de la UE como colaborador financiero de una organización terrorista. La entidad, de manera automática, bloquea todas las cuentas del titular y rechaza una transferencia de 20.000 € que estaba pendiente. Posteriormente, notifica al SEPBLAC y al juez competente. Esta actuación cumple con la normativa vigente y evita la dispersión de fondos posiblemente delictivos.

8.2. Adopción de los acuerdos por la Comisión de Vigilancia de Actividades de Financiación del Terrorismo

La Comisión de Vigilancia de Actividades de Financiación del Terrorismo (CVFT) es el órgano colegiado del Estado encargado de proponer y coordinar la adopción de medidas restrictivas contra personas, grupos u organizaciones vinculadas a la financiación del terrorismo. Su actuación se basa en criterios de seguridad nacional, inteligencia financiera y cooperación internacional.

Esta Comisión tiene competencia para:

- Elaborar listas nacionales de personas y entidades vinculadas a actividades terroristas, distintas de las ya establecidas por organismos internacionales.
- Proponer el bloqueo preventivo de fondos y activos, incluso cuando no se haya abierto proceso penal, siempre que existan indicios relevantes.
- Solicitar la prohibición de realizar actividades financieras o económicas con sujetos identificados.
- Coordinar con el SEPBLAC, el Ministerio del Interior, el Centro Nacional de Inteligencia y otros organismos la aplicación efectiva de las medidas adoptadas.

Los acuerdos de la Comisión pueden tener carácter:

- Individualizado, cuando se refieren a una persona o entidad concreta.
- General, si se dictan en función de criterios amplios (ej. tipo de organización, país, red operativa…).

Una vez adoptado el acuerdo:

- Se publica en el Boletín Oficial del Estado (BOE) o en el registro oficial correspondiente, si afecta a derechos de terceros.
- Se comunica de forma inmediata a las entidades financieras, aseguradoras y sujetos obligados.
- Su aplicación es obligatoria, inmediata y sin necesidad de autorización judicial previa, aunque sujeta al control posterior por parte de los tribunales.

Ejemplo

La CVFT acuerda la inclusión en la lista nacional de un grupo societario con sede en España tras detectar que está siendo utilizado para canalizar donaciones a una organización terrorista en Oriente Medio. El acuerdo se publica en el BOE y se notifica al SEPBLAC, que coordina con las entidades bancarias el bloqueo simultáneo de todos los fondos relacionados. La operación impide la salida de más de 700.000 € del sistema financiero nacional.

8.3. Control jurisdiccional

El control jurisdiccional en materia de prevención del blanqueo de capitales y financiación del terrorismo garantiza que las medidas restrictivas adoptadas por la administración (como el bloqueo de fondos, la prohibición de operaciones financieras o la inclusión en listas de personas vinculadas al terrorismo) respeten los derechos fundamentales y se sometan al principio de legalidad y tutela judicial efectiva.

Aunque muchas de estas medidas tienen carácter administrativo y pueden aplicarse con inmediatez, deben estar siempre sometidas a posterior validación o revisión judicial, especialmente cuando afectan a:

- Derechos de propiedad (bloqueo de fondos, inmuebles o activos).
- Libertad económica y contractual.
- Derecho a la intimidad financiera.
- Presunción de inocencia (cuando se actúa sin sentencia penal firme).

Fig. 18. El control jurisdiccional lo ejercen los juzgados de lo contencioso-administrativo, en el caso de medidas impuestas por órganos administrativos (como la Comisión de Vigilancia o el SEPBLAC), o los juzgados de instrucción y las salas penales, cuando las medidas derivan de procedimientos penales abiertos

El procedimiento judicial puede iniciarse:

- A instancia del afectado, mediante recurso contencioso o petición de amparo.
- De oficio, cuando la medida restrictiva exige autorización judicial previa, como el registro de domicilios o el acceso a comunicaciones protegidas.

El control jurisdiccional asegura que las medidas sean:

- Proporcionales, en función del riesgo o gravedad del caso.
- Motivadas, con base en hechos y no en sospechas arbitrarias.
- Limitadas en el tiempo, evitando bloqueos indefinidos o injustificados.

 Ejemplo

Una fundación es incluida en la lista nacional de personas vinculadas a la financiación del terrorismo, y se le bloquean todas las cuentas bancarias. La entidad presenta un recurso contencioso-administrativo. El juez examina los fundamentos del acuerdo, revisa la documentación confidencial y determina que el bloqueo es legítimo, pero ordena levantar la prohibición sobre los fondos destinados a salarios y gastos operativos esenciales, aplicando el principio de proporcionalidad.

8.4. Personas y entidades obligadas

El marco normativo de prevención de la financiación del terrorismo impone obligaciones específicas a determinadas personas físicas y jurídicas para garantizar su colaboración activa en la detección y bloqueo de posibles actividades relacionadas con el terrorismo. Estas personas y entidades obligadas coinciden en gran medida con los sujetos obligados previstos en la Ley 10/2010, pero en este contexto adquieren una dimensión especialmente preventiva y reactiva frente a amenazas a la seguridad nacional.

Entre las entidades obligadas destacan:

- **Entidades financieras y aseguradoras**, como bancos, cajas, cooperativas de crédito y aseguradoras del ramo de vida.
- **Intermediarios financieros**, como sociedades de valores, agencias de cambio de moneda o entidades de dinero electrónico.
- **Notarios, registradores, abogados y asesores fiscales**, cuando intervienen en operaciones económicas relevantes.
- **Entidades sin ánimo de lucro** y fundaciones, que deben asegurar que sus fondos no se desvíen hacia fines terroristas.

- **Profesionales del sector inmobiliario, joyería, arte y vehículos de lujo**, cuando realicen operaciones con importes elevados o clientes no identificados adecuadamente.
- **Personas físicas o jurídicas que realicen transferencias internacionales o transacciones en efectivo** por encima de los umbrales establecidos.

Estas personas y entidades deben:

- Aplicar medidas de diligencia debida respecto de sus clientes.
- Comunicar sin demora cualquier indicio de vinculación con el terrorismo.
- Abstenerse de operar si existe riesgo claro o si el cliente figura en listas de sanción.
- Colaborar activamente con el SEPBLAC, la Policía y la Comisión de Vigilancia.

El incumplimiento de estas obligaciones puede ser sancionado como infracción grave o muy grave, incluso aunque no haya intencionalidad dolosa, debido al alto impacto social y legal de facilitar directa o indirectamente la financiación de actividades terroristas.

Ejemplo

Una asociación cultural recibe una donación internacional de gran cuantía sin justificación económica clara. El banco que gestiona su cuenta detecta que la entidad emisora figura en una lista de vigilancia de la ONU. Ante esta situación, la entidad bancaria, en su condición de sujeto obligado, bloquea la operación y comunica el hecho al SEPBLAC, cumpliendo con su deber legal de colaboración en la prevención de la financiación del terrorismo.

8.5. Exención de responsabilidad

En el ámbito de la prevención y bloqueo de la financiación del terrorismo, la exención de responsabilidad es una salvaguarda legal que protege a las personas y entidades obligadas que colaboran con las autoridades, siempre que actúen de buena fe, con diligencia y dentro del marco legal establecido.

Esta protección está recogida en la Ley 10/2010, y también se extiende a las medidas preventivas relacionadas con la financiación del terrorismo, como el bloqueo de fondos, la negativa a operar con personas incluidas en listas de sanción o la comunicación de indicios al SEPBLAC o a la Comisión de Vigilancia de Actividades de Financiación del Terrorismo.

 **Saber más**

Exención de responsabilidad vs. Deber de confidencialidad: ¿en qué se diferencian?

Aunque ambos conceptos están vinculados a la actuación de buena fe de los sujetos obligados, no significan lo mismo ni se aplican de igual forma en el marco de una investigación por blanqueo de capitales.

- **Exención de responsabilidad.** Protege a la entidad y a su personal cuando comunican al SEPBLAC operaciones sospechosas o información requerida.

  Se aplica siempre que:
  o La comunicación se haya realizado de buena fe.
  o Se hayan seguido los procedimientos internos establecidos.
  o Se conserve justificación documental de la actuación.
  o Esta exención cubre la posible responsabilidad penal, civil o administrativa, incluso si la operación finalmente no resulta ilícita.

- **Deber de confidencialidad.** Es una prohibición activa: impide al sujeto obligado informar al cliente o a terceros de que se ha realizado una comunicación al SEPBLAC o de que se está investigando una operación.

  Su finalidad es evitar:
  o La alteración de pruebas.
  o La fuga de implicados.
  o La obstrucción de la investigación.
  o Su incumplimiento puede constituir una infracción muy grave e incluso un delito penal.

  En resumen:
  o Exención = protección por actuar correctamente.
  o Confidencialidad = obligación de guardar silencio sobre la actuación.

Las actuaciones protegidas por esta exención incluyen:

- La comunicación de operaciones sospechosas.
- La aplicación de medidas restrictivas (bloqueo de fondos, negativa de apertura de cuentas).
- El cumplimiento de requerimientos de las autoridades competentes.

- La aportación de información confidencial, en cumplimiento de una obligación legal.

La exención se aplica incluso si, con posterioridad, la operación o la persona investigada resultan no estar relacionadas con ninguna actividad ilícita, siempre que la actuación del sujeto obligado se haya realizado conforme a la normativa.

Además, esta protección alcanza tanto a la persona jurídica (empresa) como a los empleados, agentes o colaboradores que hayan intervenido directamente en la actuación.

 Ejemplo

Una empresa de transferencias de dinero detecta que un cliente habitual intenta enviar fondos a un país con alta actividad terrorista. La operación es bloqueada y comunicada. Días después se confirma que el destinatario era legítimo. No obstante, ni la empresa ni sus empleados pueden ser sancionados, demandados o penalizados, ya que actuaron conforme a los protocolos y en cumplimiento de la ley, lo que activa la exención de responsabilidad.

8.6. Régimen sancionador

El régimen sancionador en materia de prevención de la financiación del terrorismo tiene como objetivo garantizar que las personas y entidades obligadas cumplan rigurosamente sus obligaciones, y que cualquier conducta que facilite o no impida la financiación de actividades terroristas sea corregida y sancionada con firmeza.

Este régimen es el mismo que se aplica para la prevención del blanqueo de capitales y se encuentra recogido en los artículos 50 a 62 de la Ley 10/2010, complementado por su desarrollo reglamentario.

Se consideran muy graves aquellas conductas que permiten o facilitan directa o indirectamente el uso del sistema financiero para canalizar fondos hacia actividades terroristas, como, por ejemplo:

- No aplicar medidas de diligencia debida ante indicios claros de vinculación con el terrorismo.
- No bloquear fondos o no ejecutar medidas impuestas por las autoridades.
- Ocultar o retrasar intencionadamente información relacionada con operaciones de riesgo.
- Incluir a una persona en una operación a sabiendas de su presencia en listas de sanción.

Las infracciones graves incluyen:

- Incumplimiento parcial de las medidas exigidas.
- Falta de comunicación de una operación sospechosa.
- Deficiencias en los controles internos frente a riesgos de financiación terrorista.

Las **infracciones leves** se refieren a fallos formales o puntuales que no comprometen la seguridad del sistema, pero que deben ser corregidos para evitar reincidencias.

En función de la gravedad de la infracción, pueden imponerse:

- **Multas económicas**:
    o Hasta 10 millones de euros en infracciones muy graves.
    o Hasta 5 millones de euros en graves.
    o Hasta 60.000 euros en leves.

- **Sanciones accesorias**:
    o Inhabilitación temporal para operar o realizar ciertas actividades.
    o Revocación de licencias o autorizaciones.
    o Amonestaciones públicas o privadas.
    o Publicación obligatoria de la sanción en el BOE en casos graves y muy graves.

Las sanciones pueden recaer tanto sobre la entidad como sobre los administradores, directivos y empleados responsables.

 Ejemplo

Un intermediario financiero no aplica el procedimiento de bloqueo pese a tener conocimiento de que el cliente figura en una lista europea de sanción por financiación del terrorismo. La operación se ejecuta y los fondos llegan a su destino. La entidad es sancionada con una multa de 3 millones de euros y el director de cumplimiento es inhabilitado por 5 años, al considerarse que se trató de una infracción grave con omisión dolosa de obligaciones esenciales.

8.7. Definición de personas y entidades vinculadas a grupos u organizaciones terroristas

En el contexto jurídico y operativo de la prevención de la financiación del terrorismo, se consideran personas y entidades vinculadas a grupos u organizaciones terroristas aquellas que, directa o indirectamente, participan, colaboran o facilitan recursos económicos o materiales a organizaciones que tienen por objetivo cometer actos de terrorismo.

Vocabulario

Se describen términos vinculados a la lucha contra la financiación del terrorismo:

- **Sujeto designado.** Persona física o jurídica que figura en listas oficiales de sanción internacional por estar vinculada a actividades terroristas o al crimen organizado. Estas personas o entidades están sujetas a medidas restrictivas como el congelamiento de activos o la prohibición de realizar transacciones financieras.
- **Lista consolidada de la UE.** Base de datos oficial de la Unión Europea que agrupa todas las sanciones económicas y financieras adoptadas contra personas, entidades y países. Incluye medidas relacionadas con la financiación del terrorismo, la proliferación de armas o violaciones de derechos humanos. Es una herramienta operativa clave para los sujetos obligados.
- **Resoluciones del Consejo de Seguridad de la ONU.** Normas internacionales con carácter vinculante, adoptadas por el Consejo de Seguridad de las Naciones Unidas, que pueden incluir la designación de individuos o entidades relacionadas con el terrorismo y ordenar el bloqueo de fondos o recursos económicos. Los Estados miembros están obligados a aplicarlas y adaptarlas a su ordenamiento jurídico.

Esta definición está recogida en diversas normativas, tanto internacionales como nacionales, entre ellas:

- Las resoluciones del Consejo de Seguridad de la ONU (especialmente la 1373/2001).
- Las listas de sanciones de la Unión Europea.
- El marco de actuación de la Comisión de Vigilancia de Actividades de Financiación del Terrorismo en España.

Se consideran personas o entidades vinculadas:

- Miembros activos o simpatizantes de organizaciones terroristas.
- Personas que actúan como intermediarios financieros o logísticos de estas organizaciones.
- Entidades sin ánimo de lucro, empresas o fundaciones utilizadas como tapadera para canalizar fondos ilícitos.
- Personas físicas o jurídicas que presten apoyo económico, técnico o propagandístico al terrorismo.

- Personas o estructuras que actúan en nombre o por cuenta de una organización terrorista, incluso cuando no exista una relación formal.

La vinculación no exige una sentencia penal firme, sino que puede determinarse por:

- Informes de inteligencia.
- Datos compartidos con organismos internacionales.
- Acuerdos adoptados por la Comisión de Vigilancia o por la Unión Europea.

Estas personas y entidades pueden ser incluidas en listas nacionales e internacionales de sanciones, lo que implica la congelación de sus fondos, la prohibición de realizar operaciones con ellas y su supervisión constante.

Una fundación cultural con sede en Europa recibe donaciones recurrentes de una persona que figura en la lista de sanciones de Naciones Unidas por su relación con un grupo terrorista en Oriente Medio. Aunque la fundación no ha sido condenada judicialmente, es incluida en la lista nacional de entidades vinculadas al terrorismo tras comprobarse que los fondos eran desviados sistemáticamente. Se le bloquean todas las cuentas y se le prohíbe operar.

8.8. Obligación de cesión de información

La obligación de cesión de información es un principio fundamental en el sistema de prevención de la financiación del terrorismo. Establece que las personas y entidades obligadas deben poner a disposición de las autoridades competentes toda la información relevante para prevenir, detectar, investigar o sancionar conductas relacionadas con la financiación de actividades terroristas.

Esta obligación está regulada en la Ley 10/2010, en su normativa complementaria y en los tratados internacionales suscritos por España.

Afecta especialmente a:

- Entidades financieras y aseguradoras.
- Profesionales del sector jurídico, fiscal y contable.
- Fundaciones y ONGs, en determinados supuestos.
- Cualquier persona o entidad que, por su actividad, tenga acceso a datos relevantes.

La cesión de información puede realizarse:

- De forma espontánea, cuando la entidad detecta un hecho relevante o sospechoso.
- A requerimiento de las autoridades, como el SEPBLAC, la Comisión de Vigilancia, la Policía o la Fiscalía.

La información que debe cederse incluye:

- Datos identificativos del cliente o usuario.
- Documentación de operaciones realizadas o intentadas.
- Registros contables y financieros.
- Correspondencia comercial o justificantes económicos.
- Cualquier otra información que permita reconstruir la relación con el cliente o sus operaciones.

Esta obligación tiene carácter prioritario y prevalece sobre cualquier deber de confidencialidad o secreto profesional, excepto en los supuestos específicamente protegidos por ley (por ejemplo, la confidencialidad de la relación abogado-cliente en procesos judiciales, limitada en el ámbito penal).

Fig. 19. El incumplimiento de la obligación de cesión de información constituye una infracción grave o muy grave, y puede acarrear sanciones económicas o incluso responsabilidad penal si se deriva en obstrucción a una investigación criminal

Una entidad financiera recibe un requerimiento del SEPBLAC para obtener información detallada sobre una serie de transferencias internacionales realizadas por una empresa pantalla. La entidad debe entregar los documentos de apertura de cuenta, extractos bancarios, comunicaciones con el cliente y formularios de identificación, sin demora ni oposición, cumpliendo así con su obligación de cesión de información. La negativa injustificada podría ser sancionada.

8.9. La Comisión de Vigilancia de Actividades de Financiación del Terrorismo

La Comisión de Vigilancia de Actividades de Financiación del Terrorismo (CVFT) es el órgano colegiado del Estado español encargado de coordinar, adoptar y supervisar las medidas preventivas y reactivas orientadas a combatir la financiación del terrorismo, tanto en el ámbito nacional como internacional. Su actuación se enmarca dentro del sistema de seguridad del Estado y de la arquitectura legal de prevención contemplada en la Ley 10/2010, y se relaciona estrechamente con organismos como el SEPBLAC, el Centro Nacional de Inteligencia (CNI), el Ministerio del Interior, el Banco de España o el Ministerio de Asuntos Exteriores.

La CVFT está integrada por representantes de alto nivel de los siguientes organismos:

- Ministerio del Interior.
- Ministerio de Asuntos Exteriores, Unión Europea y Cooperación.
- Ministerio de Asuntos Económicos y Transformación Digital.
- Centro Nacional de Inteligencia (CNI).
- Ministerio de Justicia.
- Ministerio de Hacienda.
- Fiscalía General del Estado.
- SEPBLAC, como unidad de inteligencia financiera.

Fig. 20. Esta composición refleja el enfoque interinstitucional y multidisciplinar con el que se combate la financiación del terrorismo, combinando análisis financiero, inteligencia, cooperación internacional y potestad normativa

La Comisión tiene una serie de competencias específicas, entre las que destacan:

- Identificar personas, entidades y estructuras que, directa o indirectamente, puedan estar implicadas en la financiación del terrorismo.
- Adoptar medidas de bloqueo preventivo de fondos o activos, sin necesidad de resolución judicial previa.
- Proponer al Gobierno la inclusión de personas o entidades en listas nacionales de sanciones, y coordinar la aplicación de las listas internacionales.
- Emitir acuerdos de prohibición de actividades económicas o financieras con determinadas personas o entidades.

- Coordinar la acción del Estado ante organismos internacionales (como el GAFI, Naciones Unidas, Unión Europea) en materia de financiación terrorista.
- Establecer protocolos de actuación con los sujetos obligados, tanto públicos como privados, para asegurar el cumplimiento normativo.
- Promover modificaciones legislativas o reglamentarias cuando se detecten vacíos legales o debilidades estructurales en el sistema.

Los acuerdos adoptados por la Comisión, especialmente en lo relativo al bloqueo de fondos o a la inclusión en listas restrictivas, tienen carácter ejecutivo e inmediato, y son de obligado cumplimiento para todas las entidades financieras, aseguradoras y sujetos obligados.

Estos acuerdos:

- No requieren autorización judicial previa, aunque están sujetos a control jurisdiccional posterior.
- Se publican, en su caso, en el Boletín Oficial del Estado (BOE) o mediante notificación directa a las entidades afectadas.
- Pueden tener un carácter temporal o indefinido, en función del riesgo y del resultado de las investigaciones.

La CVFT trabaja en estrecha coordinación con el SEPBLAC, que actúa como unidad de análisis técnico y como canal operativo para implementar los acuerdos adoptados. Además, se apoya en las unidades policiales especializadas, el CNI, el Ministerio Fiscal y otros actores estratégicos en el ámbito de la inteligencia financiera y la persecución del delito.

Ejemplo

Tras el análisis de diversas transferencias y comunicaciones, la CVFT determina que una organización aparentemente legal está siendo utilizada como vehículo para financiar a un grupo terrorista extranjero. La Comisión acuerda bloquear los fondos de dicha entidad, prohíbe nuevas operaciones financieras, e incluye a la organización en una lista nacional de entidades sancionadas, notificando a todas las entidades financieras y organismos públicos. El SEPBLAC coordina su ejecución y las fuerzas de seguridad inician la investigación judicial correspondiente.

Resumen

La prevención del blanqueo de capitales constituye uno de los pilares fundamentales para proteger la integridad del sistema financiero, tanto a nivel nacional como internacional. El blanqueo de capitales implica introducir en el circuito legal recursos de origen delictivo, en un proceso que generalmente atraviesa tres fases: colocación, estratificación e integración. Estas etapas buscan dificultar la trazabilidad del dinero para su uso posterior sin levantar sospechas. A este fenómeno se suma el riesgo de la financiación del terrorismo, que puede implicar incluso fondos de origen lícito usados con fines violentos, lo que exige una respuesta normativa y operativa contundente.

La Ley 10/2010, junto con su reglamento de desarrollo, constituye el marco legal principal en España. Establece los sujetos obligados, que incluyen bancos, aseguradoras, notarios, abogados, promotores inmobiliarios, joyeros, entre otros, a los que impone obligaciones específicas. Estas obligaciones comprenden la identificación formal y fehaciente de los clientes, la aplicación de medidas de diligencia debida, la conservación documental durante diez años, y la comunicación de operaciones sospechosas al Servicio Ejecutivo de la Comisión (SEPBLAC). Además, la ley establece el deber de abstención de ejecutar operaciones cuando existan sospechas razonables y se prevé una exención de responsabilidad para quienes actúan conforme a la normativa.

Los sujetos obligados deben implantar medidas de control interno eficaces, que incluyen la designación de un representante ante el **SEPBLAC**, la existencia de órganos de control y comunicación, la formación del personal, y la adopción de protocolos internos específicos. En este marco, las sucursales y filiales en el extranjero también deben aplicar medidas equivalentes, garantizando el cumplimiento global de las obligaciones. Además, existen mecanismos de colaboración nacional e internacional para compartir información, detectar patrones y coordinar acciones frente a redes criminales y terroristas.

Las medidas específicas contra la financiación del terrorismo permiten la adopción de acciones preventivas como el bloqueo de fondos, la prohibición de operaciones o la inclusión de personas y entidades en listas restrictivas, sin necesidad de sentencia judicial previa, aunque con posterior control jurisdiccional. La Comisión de Vigilancia de Actividades de Financiación del Terrorismo es el órgano responsable de coordinar estas medidas, con el apoyo del SEPBLAC, las Fuerzas de Seguridad, el CNI y otros organismos.

Finalmente, la normativa establece un régimen sancionador claro ante el incumplimiento de las obligaciones, con infracciones clasificadas como leves, graves y muy graves, que pueden dar lugar a sanciones económicas, administrativas e incluso penales. Estas medidas buscan garantizar la legalidad del sistema financiero, la seguridad nacional y el respeto a los compromisos internacionales en la lucha contra el crimen organizado y el terrorismo.

Glosario

Abstención de ejecución

Medida que implica no llevar a cabo una operación financiera cuando se sospecha que puede estar relacionada con blanqueo de capitales o financiación del terrorismo.

Beneficiario efectivo

Persona física que, en última instancia, posee o controla al cliente o a la persona en cuyo nombre se realiza una operación.

Bloqueo de fondos

Inmovilización de activos financieros de personas o entidades vinculadas con el terrorismo o el blanqueo, impidiendo su uso o disposición.

Colocación

Primera fase del blanqueo de capitales. Consiste en introducir dinero ilícito en el sistema financiero.

Comisión de Vigilancia de Actividades de Financiación del Terrorismo (CVFT)

Órgano colegiado encargado de coordinar las medidas para prevenir la financiación del terrorismo en España.

Confidencialidad

Obligación legal de los sujetos obligados de no revelar a terceros las actuaciones derivadas del cumplimiento de las medidas de prevención, especialmente las comunicaciones al SEPBLAC.

Censo de sujetos obligados

Registro administrativo en el que deben inscribirse las entidades y personas físicas consideradas sujetos obligados por la Ley 10/2010.

Diligencia debida

Conjunto de medidas que los sujetos obligados deben aplicar para identificar y verificar la identidad de sus clientes y del origen de los fondos.

Estratificación

Segunda fase del blanqueo de capitales, donde se realizan operaciones financieras complejas para dificultar el seguimiento del dinero ilícito.

Examen especial

Análisis específico y detallado de operaciones que, por su naturaleza, importe o características, podrían estar relacionadas con actividades ilícitas.

Exención de responsabilidad

Protección legal que impide sancionar o demandar a quienes, de buena fe y cumpliendo la ley, colaboren con las autoridades en la prevención del blanqueo o financiación del terrorismo.

Financiación del terrorismo

Suministro, recaudación o canalización de fondos con el propósito de apoyar actividades terroristas, directa o indirectamente.

Integración

Fase final del blanqueo de capitales, en la que los fondos ya blanqueados se incorporan a la economía legal como inversiones, compras o actividades económicas.

Lista de sanciones

Relación oficial de personas o entidades cuya actividad está restringida o prohibida por su vinculación con el terrorismo o el crimen organizado.

Órgano de control interno

Unidad dentro de un sujeto obligado encargada de diseñar, implementar y supervisar las políticas y procedimientos para prevenir el blanqueo y la financiación del terrorismo.

Operación sospechosa

Transacción que, por su naturaleza o contexto, puede estar relacionada con actividades ilícitas y debe ser comunicada al SEPBLAC.

Personas expuestas políticamente (PEP)

Personas que desempeñan funciones públicas relevantes y que, por su posición, pueden presentar un mayor riesgo de implicación en actividades de blanqueo.

Procedimiento sancionador

Conjunto de actuaciones formales que pueden dar lugar a sanciones por el incumplimiento de las obligaciones en materia de prevención.

Representante ante el SEPBLAC

Persona designada por el sujeto obligado para actuar como canal formal de comunicación con la unidad de inteligencia financiera.

Reporting sistemático

Obligación de comunicar de forma periódica al SEPBLAC determinadas operaciones especificadas por ley, aunque no resulten sospechosas por sí mismas.

SEPBLAC (Servicio Ejecutivo de la Comisión de Prevención del Blanqueo de Capitales e Infracciones Monetarias)

Unidad de inteligencia financiera de España encargada de recibir, analizar y transmitir información relacionada con el blanqueo y la financiación del terrorismo.

Sujetos obligados

Personas físicas o jurídicas que, por su actividad profesional, están legalmente obligadas a cumplir con las medidas de prevención del blanqueo de capitales y la financiación del terrorismo.

Módulo 1. Prevención blanqueo de capitales

Ejercicios de autoevaluación

1. ¿Cuándo se aplica el deber de confidencialidad?

    a. Solo en procesos judiciales.

    b. Solo si lo exige el cliente.

    c. Siempre que se trate de una comunicación al SEPBLAC.

    d. Solo para operaciones en efectivo.

2. ¿Quién puede incluir entidades en las listas nacionales de financiación del terrorismo?

    a. El Banco de España.

    b. La Comisión de Vigilancia de Actividades de Financiación del Terrorismo.

    c. La CNMV.

    d. El Consejo General del Notariado.

3. ¿Qué ocurre si una entidad bloquea fondos en base a una medida legal?

    a. Está protegida por la exención de responsabilidad.

    b. Puede ser denunciada por el cliente.

    c. Pierde automáticamente su licencia.

    d. Comete una infracción leve.

4. ¿Qué organismo internacional promueve las 40 recomendaciones contra el blanqueo y la financiación del terrorismo?

    a. Interpol.

    b. Consejo de Europa.

    c. OCDE.

    d. GAFI (FATF).

5. ¿Qué debe hacer una entidad si recibe un requerimiento del SEPBLAC?

    a. Esperar a tener autorización del cliente.

    b. Responder de forma inmediata y completa.

    c. Consultar primero a sus abogados.

    d. Negarse si hay duda.

6. ¿Cuáles son las tres fases clásicas del blanqueo de capitales?

    a. Entrada, inversión y legalización.

    b. Emisión, control y depósito.

    c. Colocación, estratificación e integración.

    d. Financiamiento, retorno y exportación.

7. ¿Qué principio debe guiar la actuación de los órganos de control interno?

    a. Rentabilidad.

    b. Independencia y eficacia.

    c. Rentabilidad del cliente.

    d. Facilidad operativa.

8. ¿Cuál es una función de los representantes ante el SEPBLAC?

    a. Canalizar las comunicaciones del sujeto obligado.

    b. Aprobar créditos.

    c. Ejecutar transferencias.

    d. Elaborar productos financieros.

9. **¿Qué ocurre si una operación bloqueada resulta finalmente no estar vinculada a actividades terroristas?**

    a. El banco debe indemnizar al cliente.

    b. No hay responsabilidad si se actuó de buena fe.

    c. El SEPBLAC debe pedir disculpas públicas.

    d. Se considera infracción leve.

10.¿Qué obligación tienen las personas o entidades respecto a cuentas de personas sancionadas?

    a. Transferir los fondos al SEPBLAC.

    b. No permitir su apertura ni realizar operaciones.

    c. Cancelarlas automáticamente sin informe.

    d. Comunicarlas al cliente en primer lugar.

Módulo 1. Prevención blanqueo de capitales

Aplicaciones prácticas

Aplicación práctica 1. Fases del proceso de blanqueo de capitales

Módulo 1. Prevención blanqueo de capitales

Una empresa constructora de reciente creación ha recibido una gran inversión de un socio extranjero. Parte de esos fondos se han distribuido a través de una cadena de pagos a proveedores, algunos sin presencia online ni historial fiscal claro.

Tras varios meses, la empresa adquiere una serie de terrenos en una zona costera, que son registrados como patrimonio de una sociedad instrumental diferente con sede en otro país.

- ¿Qué fases del proceso de blanqueo de capitales pueden identificarse en esta operación?
- ¿Qué elementos hacen sospechar de un posible intento de legitimación de fondos ilícitos?

Aplicación práctica 2. Conservación de documentos

Módulo 1. Prevención blanqueo de capitales

Una entidad de servicios financieros cuenta con dos sedes operativas: una en Madrid y otra en Sevilla. Durante una revisión interna coordinada desde la central, se detecta que ambas oficinas aplican criterios distintos para conservar los documentos relacionados con la identificación de clientes y las operaciones realizadas.

Mientras que en Madrid todos los documentos se almacenan digitalmente durante diez años desde la fecha de cancelación de la cuenta, en Sevilla los archivos se eliminan a los cinco años desde la fecha de apertura, siempre que la cuenta ya esté cerrada y no haya movimientos sospechosos.

El equipo de cumplimiento necesita clarificar el error y unificar criterios conforme a la ley vigente, para evitar futuras sanciones o dificultades ante un requerimiento del SEPBLAC o una investigación judicial.

Completa la siguiente tabla comparativa entre los criterios aplicados en ambas sedes. Indicar en cada caso si el criterio es correcto o incorrecto, justificando brevemente la respuesta.

Sede	Criterio aplicado	Correcto/Incorrecto	Justificación breve

Concluir con una propuesta de protocolo único de conservación documental, conforme al marco normativo actual.

Aplicación práctica 3. Control interno

Módulo 1. Prevención blanqueo de capitales

Una entidad aseguradora presenta en una inspección su documentación interna relativa a la prevención del blanqueo de capitales y financiación del terrorismo. Dispone de un manual corporativo, un procedimiento de control aprobado por la dirección, y ha nombrado formalmente un representante ante el Servicio Ejecutivo. Sin embargo, durante la revisión se constata que no se han aplicado medidas de control interno en los dos últimos ejercicios, no se ha actualizado el procedimiento, ni se ha llevado a cabo ninguna revisión práctica del sistema implantado.

La ausencia de aplicación efectiva ha generado dudas sobre el cumplimiento de las obligaciones de control.

Redacta un informe breve dirigido al responsable de cumplimiento normativo de la entidad, en el que se expliquen qué medidas de control interno no están siendo aplicadas correctamente, por qué esta situación puede considerarse un incumplimiento de la normativa, y cuál es la importancia de que estas medidas se apliquen de forma continuada.

Aplicación práctica 4. Comunicación de operaciones

Módulo 1. Prevención blanqueo de capitales

Durante el último mes, un cliente habitual de una entidad financiera, con un perfil tradicionalmente conservador y sin operaciones internacionales previas, ha comenzado a realizar transferencias repetidas por importes cercanos a los 9.950 €, todas ellas con destino a países identificados como de alto riesgo.

Las operaciones no presentan justificación comercial ni familiar clara. Un empleado de la entidad detecta el patrón y lo traslada verbalmente a su superior. Este, tras una revisión superficial, considera que no hay necesidad de seguir ningún procedimiento, al no superarse el umbral económico establecido legalmente para ciertos controles automáticos.

El expediente queda sin registrar y no se remite ningún aviso al órgano de control interno.

Explica qué incumplimientos se están produciendo en este caso y por qué el comportamiento observado en las transferencias debería haber generado una actuación concreta dentro del procedimiento interno de prevención del blanqueo de capitales.

Ejercicio de evaluación final

1. **¿Qué fase del blanqueo de capitales consiste en introducir el dinero ilícito en el sistema financiero legal?**

   a. Integración.
   b. Colocación.
   c. Estratificación.
   d. Justificación.

2. **¿Cuál es el organismo español encargado de recibir las comunicaciones de operaciones sospechosas?**

   a. SEPBLAC.
   b. CNMV.
   c. Banco de España.
   d. Comisión Nacional Antifraude.

3. **La Ley principal que regula la prevención del blanqueo de capitales en España es:**

   a. Ley 19/2003.
   b. Ley 10/2010.
   c. Ley 1/1992.
   d. Ley 29/1998.

4. **¿Cuál de las siguientes NO es una obligación general de los sujetos obligados?**

   a. Identificación del cliente.
   b. Conservación de documentos.
   c. Comunicación de operaciones sospechosas.
   d. Recompensar al cliente por su colaboración.

5. ¿Qué entidad coordina las medidas contra la financiación del terrorismo?

    a. Tribunal Constitucional.

    b. Comisión de Vigilancia de Actividades de Financiación del Terrorismo.

    c. Dirección General de Seguros.

    d. Defensor del Pueblo.

6. Las sucursales de entidades españolas en terceros países:

    a. Están exentas de cumplir la ley española.

    b. Deben aplicar medidas equivalentes o, en su defecto, medidas reforzadas.

    c. Solo deben cumplir la normativa local.

    d. No tienen responsabilidad jurídica.

7. ¿Quién está obligado a aplicar medidas de diligencia debida?

    a. Solo bancos.

    b. Solo entidades aseguradoras.

    c. Todos los sujetos obligados.

    d. Solo fundaciones.

8. ¿Qué debe hacer una entidad si detecta una operación claramente sospechosa?

    a. Ejecutarla y luego informar.

    b. Abstenerse de ejecutarla y comunicar al SEPBLAC.

    c. Llamar al cliente para pedir explicaciones.

    d. Consultar a su asesor fiscal.

9. ¿Qué documento no es necesario conservar según la Ley 10/2010?

    a. Contratos.

    b. Registros de operaciones.

    c. Documentación de identificación.

    d. Conversaciones telefónicas personales.

10. ¿Qué tipo de infracción es la no aplicación de medidas de diligencia en operaciones de alto riesgo?

    a. Leve.

    b. Formal.

    c. Intermedia.

    d. Muy grave.

11. ¿Qué debe incluir un procedimiento interno de control?

    a. Instrucciones para el marketing.

    b. Política de precios.

    c. Medidas de identificación, comunicación y formación.

    d. Protocolos de fidelización de clientes.

12. ¿Qué entidad forma parte del Comité Permanente de la CPBCIM?

    a. La Agencia Tributaria.

    b. El Consejo General del Poder Judicial.

    c. El Ministerio del Interior.

    d. El Defensor del Pueblo.

13.¿Qué función tiene el Servicio Ejecutivo de la Comisión de Prevención?

a. Actuar como unidad de inteligencia financiera.

b. Dictar sentencias.

c. Imponer sanciones directamente.

d. Controlar la política monetaria.

14.La cesión de información al SEPBLAC está protegida por:

a. El derecho al secreto bancario.

b. Una exención de responsabilidad legal.

c. La Ley de Protección de Datos sin excepciones.

d. La confidencialidad contractual.

15.¿Qué operaciones deben comunicarse de forma sistemática?

a. Solo operaciones con criptomonedas.

b. Solo transferencias al extranjero.

c. Las incluidas en el *reporting* sistemático obligatorio.

d. Ninguna, salvo sospechas fundadas.

16.¿Qué se entiende por persona vinculada a una organización terrorista?

a. Quien financia o colabora con grupos terroristas directa o indirectamente.

b. Un cliente moroso.

c. Solo quien ha sido condenado penalmente.

d. Un sospechoso sin pruebas.

17.¿Qué debe contener la formación a empleados sobre blanqueo de capitales?

a. Información fiscal básica.

b. Lenguaje jurídico.

c. Riesgos, obligaciones y procedimientos internos.

d. Manual de estilo.

18.¿Quién puede ser sancionado por infracciones?

  a. Solo las personas jurídicas.

  b. Solo el representante legal.

  c. Tanto personas físicas como jurídicas.

  d. Solo administraciones públicas.

19.¿Qué organismo europeo aprueba listas de sanciones por terrorismo?

  a. Eurostat.

  b. Consejo de la Unión Europea.

  c. Parlamento Europeo.

  d. Interpol.

20.¿Qué plazo establece la ley para conservar los documentos?

  a. 10 años.

  b. 3 años.

  c. Hasta el cese del cliente.

  d. No hay plazo legal.

Ejercicio de evaluación final

Solucionario

Módulo 1. Prevención blanqueo de capitales

1. c

2. b

3. a

4. d

5. b

6. c

7. b

8. a

9. b

10. b

Bibliografía

Legislación

Código Penal español (Ley Orgánica 10/1995, de 23 de noviembre)

Directiva (UE) 2015/849, relativa a la prevención de la utilización del sistema financiero para el blanqueo de capitales o la financiación del terrorismo (Cuarta Directiva AML)

Directiva (UE) 2018/843 (Quinta Directiva AML)

Ley 10/2010, de 28 de abril, de prevención del blanqueo de capitales y de la financiación del terrorismo

Ley 12/2003, de 21 de mayo, sobre la prevención y el bloqueo de la financiación del terrorismo

Ley 58/2003, de 17 de diciembre, General Tributaria

Real Decreto 304/2014, de 5 de mayo, por el que se aprueba el Reglamento de desarrollo de la Ley 10/2010

Resolución 1373 (2001) del Consejo de Seguridad de Naciones Unidas

Webgrafía

Catálogo de Indicadores de Riesgo

https://www.tesoro.es/index.php/prevencion-del-blanqueo-y-movimiento-de-efectivo/legislaci%C3%B3n/guias-y-orientaciones/catalogo-indicadores-de-riesgo

Comisión de Prevención del Blanqueo de Capitales e Infracciones Monetarias

https://www.tesoro.es/prevencion-del-blanqueo-y-movimiento-de-efectivo/comision-de-prevencion-del-blanqueo-de-capitales-e-infracciones-monetarias

Comunicación por indicio

https://www.sepblac.es/es/sujetos-obligados/tramites/comunicacion-por-indicio/

Cooperación internacional

https://www.sepblac.es/es/sobre-el-sepblac/cooperacion-internacional/

El blanqueo de capitales: concepto, penas y relación con los paraísos fiscales

https://www.dexiaabogados.com/blog/blanqueo-capitales/

El papel de los sujetos obligados en la lucha contra el blanqueo de capitales

https://inblac.org/el-papel-de-los-sujetos-obligados-en-la-lucha-contra-el-blanqueo-de-capitales-y-la-financiacion-del-terrorismo/

Estructura organizativa

https://www.sepblac.es/es/sobre-el-sepblac/organizacion/estructura-organizativa/

Lucha contra el blanqueo de capitales y la financiación del terrorismo en la UE

https://www.consilium.europa.eu/es/policies/fight-against-terrorist-financing/

Marco normativo y régimen jurídico

https://www.sepblac.es/es/sobre-el-sepblac/transparencia/marco-normativo-y-regimen-juridico/

Medidas de control interno

https://www.sepblac.es/es/sujetos-obligados/obligaciones/medidas-de-control-interno/

Métodos más utilizados para el blanqueo de capitales y cómo detectarlos

https://www.cursosfemxa.es/blog/metodos-blanqueo-capitales

Obligaciones de información

https://www.sepblac.es/es/sujetos-obligados/obligaciones/obligaciones-de-informacion/

¿Qué es el blanqueo de capitales?

https://www.consilium.europa.eu/es/infographics/anti-money-laundering/

Sanciones de la ley de prevención de blanqueo de capitales

https://www.prevenirblanqueo.com/sujetos-obligados-pbc/sanciones-es

Sujetos obligados

https://www.sepblac.es/es/sujetos-obligados/

Bibliografía